U0544584

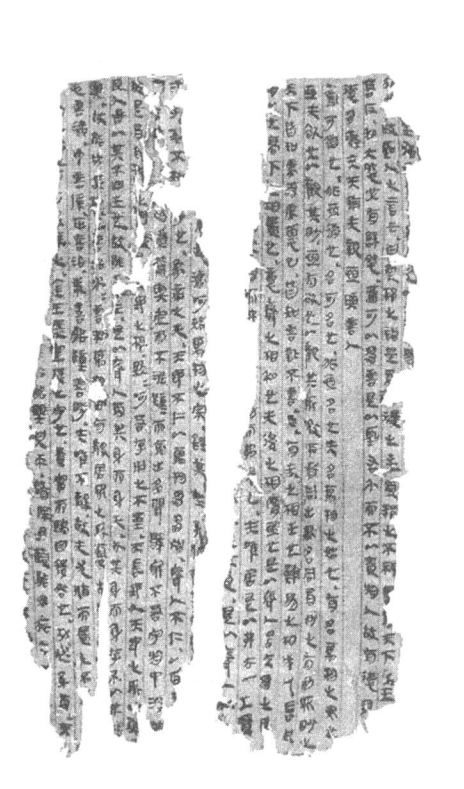

秦汉简帛字词札记

刘玉环 ◎ 著

知识产权出版社
全国百佳图书出版单位

图书在版编目（CIP）数据

秦汉简帛字词札记/刘玉环著．—北京：知识产权出版社，2016.6
ISBN 978-7-5130-4228-4

Ⅰ．①秦… Ⅱ．①刘… Ⅲ．①竹简文—研究—秦汉时代 ②帛书文字—研究—秦汉时代
Ⅳ．①K877.03

中国版本图书馆CIP数据核字（2016）第128911号

内容提要

秦汉简帛是战国后期秦至东汉时期的竹木简牍帛书，是秦汉时期的实用文字资料。随着各地秦汉简帛文献的出土、整理和出版，对简帛文字的考释、对词义文义的疏通，整理小组的学者们已做出大量辛勤且出色的工作。然而，秦汉简帛数量巨大，且历经沧桑，部分竹简残断错乱，部分文字残泐模糊，都给整理、释读带来困难。故虽数经研讨，仍存在值得商榷和可以补正的地方。本书主要在于补释漏释字、补释未释字、纠正错释字、疏通词义文义等；另外，提出"追溯笔程"等考释简帛文字的新方法，利用出土简帛校正传世典籍，揭示出土文献在语法学、文字学、文书学、医学等方面的价值。本书收录相关论文26篇，包含对200多个简帛字形的考释。希望本书的出版有助于各学科的学者从不同角度更好地利用这一批批简帛资料。

责任编辑：李 瑾　　　　　　　责任出版：孙婷婷

秦汉简帛字词札记

刘玉环　著

出版发行：	知识产权出版社有限责任公司	网　址：	http://www.ipph.cn
社　址：	北京市海淀区西外太平庄55号	邮　编：	100081
责编电话：	010-82000860转8392	责编邮箱：	lijin.cn@163.com
发行电话：	010-82000860转8101/8102	发行传真：	010-82000893/82005070/82000270
印　刷：	北京中献拓方科技发展有限公司	经　销：	各大网上书店、新华书店及相关专业书店
开　本：	787mm×1092mm 1/16	印　张：	10.75
版　次：	2016年6月第1版	印　次：	2016年6月第1次印刷
字　数：	200千字	定　价：	38.00元
ISBN 978-7-5130-4228-4			

出版权专有　侵权必究
如有印装质量问题，本社负责调换。

前　言

　　秦汉简帛是战国后期秦至东汉时期的竹木简牍帛书，是秦汉时期的实用文字资料。自20世纪初至今各地出土了大批秦汉简帛资料，本书主要针对其中已经整理出版的二十多种做出探究补正。它们是《马王堆汉墓帛书（壹）》《马王堆汉墓帛书（叁）》《马王堆汉墓帛书（肆）》《释青川秦墓木牍》《天水放马滩秦简》《睡虎地秦墓竹简》《龙岗秦简》《里耶发掘报告》《关沮秦汉墓简牍》《张家山汉墓竹简（二四七号墓）》《长沙马王堆一号汉墓》《长沙马王堆二、三号汉墓（第一卷田野考古发掘报告）》《随州孔家坡汉墓简牍》《银雀山汉墓竹简（壹）》《居延新简——甲渠侯官》《武威汉简》《尹湾汉墓简牍》《额济纳汉简》《武威汉代医简》《流沙坠简》《长沙东牌楼东汉简牍》等。

　　随着各地秦汉简帛文献的出土、整理和出版，对简帛文字的考释、对词义文义的疏通，整理小组的学者们已做出大量辛勤且出色的工作，其释文和注释的质量都很高，为下一步研究提供了很好的基础和极大的便利。在各地出土的简帛资料整理出版后，国内外学者对其中的部分疏漏做了进一步的辨识考证，也使我们获益良多。

　　然而，秦汉简帛数量巨大，且历经沧桑，部分竹简残断错乱，部分文字残泐模糊，都给整理、释读带来困难。故虽数经研讨，仍存在值得商榷和可以补正的地方；我们在研读各批简帛资料的过程中，产生了一些不成熟的看法，草率撰写二十余小文，以求教于大方之家。今又不揣浅陋，将之汇集出版，希望对出土文献整理和学术繁荣有所裨益。

　　我们主要的工作在于补释漏释字、补释未释字、纠正错释字、疏通词义文义等；还提出"追溯笔程"等考释简帛文字的新方法，利用出土简帛校正传世典籍，揭示出土文献在语法学、文字学、文书学、医学等方面的价值。我们共撰写相关论文26篇，包含对200多个简帛字形的考释。希望我们的工作有助于各学科的学者从不同角度更好地利用这一批批秦汉简帛资料。

　　才疏学浅，妄加拟测，不当之处，敬请方家指正。

目 录

追溯笔程——考释简帛文字的一种方法	1
放马滩秦简乙种《日书》补遗	6
《天水放马滩秦简》疑难字试释	13
《天水放马滩秦简》札零	20
秦简释文拾遗	27
利用帛书《老子》校正通行本《老子》四则	34
马王堆帛书药名补释五则	41
《马王堆汉墓帛书（壹）》零笺	44
《马王堆汉墓帛书（叁）》释文补正四则	49
《马王堆汉墓帛书（肆）》补释	52
古方言语气词考四则	58
长沙马王堆一号、三号汉墓遣策文字补释	68
释汉代漆器铭文及遣策中的"氾"字	75
读汉代医简札记	80
马王堆汉墓遣策名物考	85
读《张家山汉墓竹简〔二四七号墓〕》札记	91
张家山汉简《奏谳书》《引书》释文订补	96
《尹湾汉墓简牍》释文商兑	104
孔家坡汉简《日书》释文补说	111
浅析《流沙坠简》的文字学价值	119
《流沙坠简》释文商酌	126
《居延新简——甲渠候官》释文商讨	134
汉简拾遗	141
利用武威汉墓《仪礼》校正通行本《仪礼》一则	145
释"发"兼论秦汉公文收发管理制度	149
《长沙东牌楼东汉简牍》释文商榷	155
参考文献	160
后　记	164

追溯笔程——考释简帛文字的一种方法

笔程是指一个字的书写过程，即通过书写活动外化成文字符号的过程。包括各个笔画的先后顺序（即笔顺）和每个笔画的形成过程（即从起笔到收笔间的整个运行过程）。

简帛文字不同于甲骨文、金文，它是直接用毛笔蘸墨书写于简帛上形成。一方面，不同书写者因训练环境、受教育的程度及先天条件的不同，所书写的水平或风格会有所不同；另一方面，书写者书写又具有共性，因为他们使用的工具都是毛笔和墨，用于书写的材料都是竹木简、木牍或丝帛，书写的对象都是汉字，都从小就受源远流长的中华文明的熏陶，都通过转动手腕和调整用笔力度，塑造出千姿百态的笔画形象，因此同一时代的书写者使用大致相同的笔法，具有相似的运笔特征，例如，起笔、收笔的方向、动作大体一致，为提高书写速度而出现的连笔动作具有可分析归纳的规律性，等等。

从书写的角度看，汉字是由笔画构成的。不管多繁难的字形都由横、竖、撇、点、折组合而成，每一种笔画都有自己的书写规律，即使不懂书法的人在书写过程中也会不自觉地遵守。文字不一定就是书法，但文字都存在于书法之中。因此，笔画写成以后的样式（即笔形）隐含着书写者的运笔轨迹；整个字的形态呈现出这个字的书写过程。

对于笔画清晰且无误的字，我们当然可以采用字形比较法和偏旁分析法来考释，但对于笔画粘连的字形或模糊的字形，则要知道这个字是怎样写成的，即分析每个笔画的来龙去脉。

追溯笔程强调不仅分析呈现在我们面前的简帛文字的静态的形体，而且追溯字形的动态形成过程。这需要我们略晓书法，熟悉笔尖在起收间的宛转变化。

利用笔程追溯法可以考释疑难字形，例如：

1. 孔·日412·25：**井** {终日温三□}。[①]

[①] 湖北省文物考古研究所、随州市考古队：《随州孔家坡汉墓简牍》，北京：文物出版社，2006年，第101页。

按，整理者未释，此当为"并"字。从此字的笔画所呈现的形态分析，其笔程应为：一撇一竖一撇一竖两横，最上面的两撇粘连。此字与孔·日469·12的"并"：笔程相同。就文义而言，上文说"入正月四日，旦温穛禾为，昼温中禾为，夕温稺禾为"，此处说"终日温三并"，是指整天温暖则三种禾都会"为"，都会成。这样释读，文从义顺。

可见，用化静为动的笔程追溯法可以将无意粘合的笔画离析开来。再如：

2. 孔·日185·贰·4：〔五辰利翠（？）柟及入臣妾〕。①

按，整理者将此字释为"翠"，于文义难通；因此释者在其后加问号表示不确定。从字形看，该字上面的部件不是"羽"，而是"氵"和"目"，用笔程追溯法分析，此字上面靠左边的一竖不是向左弯，而有向右的笔势，表明它与右边的笔画是一个整体；右下的部件不是"卒"，而是"幸"；整字当为"泽"；此字与《汉语大字典》②所收的古地图中的"泽"：字形相似。"泽"下一字（孔·日185·贰·5）原简文字形作：，整理者释为"柟"，不当；应释为"枲"。"柟"和"枲"分别记录了音义不同的两个词，不是异体字关系。《说文·木部》："柟，末端也。从木，台声。"《说文·朩部》："枲，麻也。从朩，台声。"③"泽"有润泽、滋润的意思，"泽枲"指泡麻。总之，将孔·日185·贰·4释为"泽"，文义通畅。

可见，虽然简帛文字年代久远，但是笔画所呈现的形态依稀告诉我们书写当时笔尖是怎样在简帛上运行的。再如：

3. 睡·日甲44背·贰·10：〔鬼恒为人恶薨（梦），譻（觉）而弗占〕。其后注释："占，《广雅·释诂四》：'譣（验）也'。"④

按，从字形分析，此字实际上由三笔构成：向右的一斜竖、中间的一横、左边及左下的一竖弯钩；整字应该是"已"字；而不是由"卜"和

---

① 湖北省文物考古研究所、随州市考古队：《随州孔家坡汉墓简牍》，北京：文物出版社，2006年。

② 汉语大字典编辑委员会：《汉语大字典（缩印本）》，湖北辞书出版社、四川辞书出版社，1992年，第121页。

③ （汉）许慎撰，（宋）徐铉校定：《说文解字（附检字）》，北京：中华书局，2006年重印，第149页。

④ 睡虎地秦墓竹简整理小组：《睡虎地秦墓竹简》，北京：文物出版社，1990年，第203页。

"口"两个构件组成的"占"字。睡·日甲59背·贰·11"勿（忽）见而亡，亡（无）已"的"已"作：🗚；睡·日甲30背·叁·13的"已"作：🗚；我们要讨论的字形与这两个字笔程一致。关·周·图21·188·9的"占"作：🗚，我们要讨论的字形与此字字形明显不同。就文义而言，将此字释为"占"文义不很通畅；而释为"已"，"已"指停止，句意为：醒来了噩梦还不停止。这种现象奇怪且不常见，所以古人认为是鬼在作怪。

4. YM6·128·3：🗚（按，此字形中间的竖笔不是构字笔画，而是竹简的裂纹，将之擦除后，原字形作：🗚）｛几自（？）君子，毋信儳（谗）言｝。①

按，整理者将此字释为"自"（后加问号，表明对所释不很确定）。细察字形，此字上边的部件由两笔构成，即撇和横撇，应为构件"刀"；此字下面部件的笔顺为：竖、横竖、横，当为"口"；整字当为"召"字。YM6·129·14的"息"作：🗚，其所从的构件"自"为：🗚，与待考字形明显不同。从文义来看，释为"自"于义难通；释为"召"，"几召君子，毋信儳（谗）言"，"几"通"冀"，指希望，"召"指召请，整句句意为：希望召请君子，不要听信谗言；文义贯通。从句式和修辞来看，两句结构对称，第二句的第二字"信"为动词，若第一句与之相对的是代词"自"，则不合对偶规律，若为动词"召"，则与"信"正相对称。从语法来看，"几"是能愿动词，后面需要带上动词方可成句。总之，此字应释为"召"，意为"召请"。

利用笔程追溯法正确地考释字形，才可避免错误地判定正讹关系。

5. 马肆·五274·6：🗚｛取商〈商〉牢渍酨中｝。其后注释："商牢，即商陆。《神农本草经》载商陆'熨除痈肿'，后世医书也有不少用商陆熨治痈疽的记载，参看《证类本草》卷十一。"②

按，"商"的古文字形作：🗚（甲727），🗚（商尊），🗚（说文·冏部），🗚（北海相景君铭）；"商"的古文字形作：🗚（毫鼎），🗚（《说文·

---

① 连云港市博物馆、中国社会科学院简帛研究中心、东海县博物馆、中国文物研究所：《尹湾汉墓简牍》，北京：中华书局，1997年，第73页。
② 马王堆汉墓帛书整理小组：《马王堆汉墓帛书（肆）》，北京：文物出版社，1985年，第58页。

支部》"敵"字所从)。① 商和商字形相近,两者的主要区别是:"商"字的中间部分("口"上面的笔画)是一撇一捺两笔,"商"字的中间("口"上面的笔画)是一竖一撇一捺三笔。马肆·五274·6字形的中间表面上呈现叉笔,仔细观察实际上由两笔构成,即斜向左的竖笔和与竖笔稍微交叉的斜向右的笔画,这两笔是一撇一捺的草率写法;此字应该就是"商"字;不是别字"商"。

6. 武·甲少15·30: ▨ {佐食上私升牢心舌,载于甄相}。甲少校记十五:"私,今本作利,此乃笔误,下简不误。"②

按,校记中提到的下一号简(即甲少16·33)"上利升羊"的"利"作:▨ 与此相比较,我们要讨论的字形(甲少15·30)右边构件的笔画粘连,利用笔程追溯法分析,右边部件由两笔构成:一撇(短小)、一向左的弯钩(弯钩的起笔和末笔与撇的起笔和末笔粘连),整个构件应该是"刀",而不是"厶"。所以原简文字形即为"利",不是别字。

笔程追溯法可以帮助我们对简帛文字做正确的隶定。例如:

7. 马一69·1: ▨ {煭豚一笥}。其后注释:"煭,即熬之异体。竹笥木牌此字皆作熬(参看图一〇一;18—27;图版二一三)。"③

按,另有70·1,71·1,72·1,73·1,74·1,75·1,76·1,77·1,78·1,79·1,80·3都作此形。此字将"熬"字的构件"攵"上移,在"攵"下加"力"。当"攵"向左边的撇的末笔写到"敖"的右边很近甚至粘连时,此字左上部看上去就很像"米"了。采用笔程追溯法可以将杂乱的笔画厘清。总之,我们要讨论的字形从敖从火,可以看作熬的异体字。马三·图30·133·1: ▨ {煭豚一笥}。其后注释:"一号汉墓69作'煭豚一笥'。对应的一号汉墓简69、78、75、72、71、73、77、79都作'煭'。"按,注释有误,详前。马三·图36·209·1: ▨ {煭(熬)炙姑一器}。按,此字明显是"熬"字,恐是受一号汉墓简76的影响而释为"煭"。其实一号汉墓的隶定是错误的,因不审笔迹而误。

---

① 以上"商"和"商"的古文字字形转引自《汉语大字典》(缩印本),第121页。
② 甘肃省博物馆、中国科学院考古研究所:《武威汉简》,北京:中华书局,2005年,第411页。
③ 湖南省博物馆、中国科学院考古研究所:《长沙马王堆一号汉墓》,北京:文物出版社,1973年,第23页。

8. 马王堆三号汉墓出土的竹笥木牌上有字作：▨（图版87·8）下标为"蓉笥"木牌，其后注释："蓉笥，简一八〇'橘一笥'，疑即香橙，或许指此笥。木牌上'蓉'应即'橙'。"①

按，原字左上从"木"不从"氵"，标牌命名为"蓉笥"是毫无依据的。注释中将此字释为"蓉"亦不当。此字右上的构件：▨ 由四笔构成：一稍弯的竖笔，左上一半圆弧，右上相对的一半圆弧，右下一半圆弧，此构件显然是"矛"。马三·图版45·333·1的"沈"作：▨，其所从的"冘"与待考字所从明显不同。马三·图版20·7·14的"矛"作：▨；马三·图版21·20·4的"矛"作：▨；与待考字所从的▨笔程一致。因此，我们要讨论的字形其上面的构件当为：杍。整字可以摹释为：櫡，读为橘。马三·图版33·180·1：▨〔櫡（橘）一笥〕。整理者将此字先摹形释为"䕫"，再读为"橘"，不当；此字与我们上面考释的字形右上所从相同，为"矛"，其上面的构件亦为：杍；所以此字也可摹释为：櫡，读为橘。我们要讨论的字形下部构件与马三·T54·23·5的"容"：▨形体相同，因"冏"与"容"形体相近而将"冏"讹为成字构件"容"。总之，马三·T87·8和马三·T33·180·1都可以摹释为：櫡，读为橘。

我们了解了秦汉时期使用的综合性通用文字（此术语采自赵师平安先生的《汉字字体的名实及其演进序列的再认识》）② 的书写特点，熟悉了常用汉字的篆、隶、行、草的结构，揣摩其书写意图，回溯出运笔过程，释出一个字就不难了。

追溯笔程是考释简帛文字的一种行之有效的方法。简帛文字的形态（即体势、体态）是用笔（书法家称为"笔法"）造成的，寻绎产生字形形态的书写动作（即用笔与笔势），可以帮助我们更好地释读简帛文字。

（原载《文山学院学报》2011年第5期）

---

① 湖南省博物馆、湖南省文物考古研究所：《长沙马王堆二、三号汉墓（第一卷田野考古发掘报告）》，北京：文物出版社，2004年，图版第87。

② 赵平安：《汉字字体的名实及其演进序列的再认识》（《隶变研究》第136页），保定：河北大学出版社，1993年。

放马滩秦简乙种《日书》补遗

1986年在甘肃省天水市北道区党川乡放马滩一号秦墓出土竹简461枚。简书内容分甲种《日书》、乙种《日书》和《志怪故事》三种。2009年《天水放马滩秦简》出版,引起学术界极大关注和热烈讨论,其中简书字词的释读是一切研究的基础,对此方勇、吕亚虎、曹方向、宋华强、柯秋白、王辉等诸位学者提出多条补正意见。[①] 我们在整理小组及时贤考释的基础上,就乙种《日书》的文字释读提出十点自己的看法,以就教于方家。

1. 柯秋白先生在首发于简帛网的《〈天水放马滩秦简〉札记》[②] 一文中指出:"放马滩日书简文中有不少'=',此号并非都是重文号,一定程度上可称之为一种习惯性的缩写。"他认为《日书》乙简18的"数="应为"数虚",《日书》乙简131的"是="即"是胃(谓)",《日书》乙简172的"营="指"营室"。

按,柯先生的释读于文义可通;但忽视了一点:合文符号所代替的字必然与它所依附的字存在形体上的联系。

我们认为乙种《日书》第18号简:"徙门,数实数=,并黔首家",其中"数="应指"数娄"。《说文·女部》:"娄,空也。""数实数娄"与睡虎地秦墓《日书》甲简116正三"徙门,数富数虚,必并人家"中的"数富数虚"意义相近。

乙种《日书》第131号简"春乙亥、夏丁亥、秋辛亥、冬癸亥,是=牝日,不可起土攻。"其中"是="应指"是日";与睡虎地秦墓《日书》甲简136背"春之乙亥,秋之辛亥,冬之癸亥,是胃牝日,百事不吉。以起土攻,有女丧"中的"是胃(谓)"意义相通:"是日牝日"意为这些日子是牝日,"是胃(谓)牝日"意为这些日子称为牝日。另,乙种《日书》

[①] 方勇的《天水放马滩秦简零拾》、吕亚虎的《读〈天水放马滩秦简〉小札》、曹方向的《读〈天水放马滩秦简〉小札》、宋华强的《放马滩秦简〈日书〉识小录》、柯秋白的《〈天水放马滩秦简〉札记》、王辉的《〈天水放马滩秦简〉校读记》等,均首发于简帛网,可参看。

[②] 参柯秋白:《〈天水放马滩秦简〉札记》,简帛网,2010年6月24日。

第 2 号简、第 4 号简、第 15 号简、第 94 号简、第 114 号简、第 244 号简、第 255 号简中的"是="都当读为"是日"。

乙种《日书》第 172 号简"营=廿"应指"营宫廿"。《说文·宫部》："宫，室也。""宫"与"室"意义相近，"营="读为"营宫"或读为"营室"于义均可通；然而"宫"与"营"存在字形上的联系。《说文》卷七"宫"是部首字，"宫"部下只收录了"营"字。《说文·宫部》："营，市居也。从宫，荧省声。""宫"是"营"的义符。

总之，放马滩秦简乙种日书中的"数=""是=""营="可分别读为"数娄""是日""营宫"，其合文符号所代表的字形都是前一字形的其中一个构件。

2. 乙种《日书》第 98 号简："四废"，整理者释为"废"的字，原简书字形作：▨（该简第 12 字）。

按，细察原简书字形，左边的构件上为"水"、下为"去"，右边的构件为"䧹"，整字当为"瀴"。就文义而言，此处"瀴"当读为"废"，"瀴"属帮纽、叶部，"废"属帮纽、月部，两者声纽同、韵母的主要元音相同，可通假。前文第 95 号简、第 96 号简、第 97 号简也都将"四废"写为"四瀴"，其原简书字形分别作：▨（95·14）、▨（96·12）、▨（97·12）。简 95～简 98 都是讲"为室"择日的；若择日不当，就会导致"四瀴（废）"，即（房室的墙壁）四面倒塌。

3. 乙种《日书》第 123 号简："千里之行毋以壬戌癸亥徙死行亡不复迹"[①]，整理者释为"徙"的字，原简书字形作：▨（该简第 11 字）。

按，从字形看，此字从"辵"、从"帚"，当隶定为"逼"，《字汇·辵部》："逼，即归字。周宣王《石鼓文》：'舫舟西逼。'"《正字通·辵部》："逼同归。""归"的古文字形作：▨（甲 3342）、▨（前 8·1·6）、▨（不䗩簋）、▨（说文籀文）、▨（说文·止部）、▨（睡·秦 48）、▨（孔彪碑）。我们要讨论的字形与《不䗩簋》中的"归"字相比，省去构件"自"；构件"帚"上面部分的斜画本在竖画的左边而我们要讨论的"▨"字的斜画在竖画的右边。《集韵》："归，还也，入也。"《广雅》："归，返也。"第 123 号简的这段话当释为："千里之行毋以壬戌、癸亥：逼（归），死；行，

[①] 甘肃省文物考古研究所编：《天水放马滩秦简》，北京：中华书局，2009 年。《天水放马滩秦简》一书，原释文未加标点，下同。

亡，不复迹。"意为：出远门要避开壬戌日和癸亥日；（在这两个日子）归来，难免一死；（在这两个日子）出发，必然失踪，无法回来。

乙种《日书》第317号简："以行亡亟死"，整理者释为"亟"的字，原简书字形作：▨（该简第12字）。按，此字与上面讨论的乙种《日书》第123号简第11字显然是同一个字，也应隶定为"遰"，即"归"字。该句当释为："以行，亡；遰（归），死。"意为：在这天出发，会失踪；（在这天）归来，会死亡。

乙种《日书》第319号简："使千里外顾复还不可以壬癸到家"，整理者释为"还"的字，原简书字形作：▨（第14字）。按，此字模糊不清，参照第123号简和第317号简的字形和文义，我们认为此字也是"归"字。该句当释为："使千里外顾复归，不可以壬癸到家。"意为：从千里之外转身踏上归程，不可以在壬癸日到家。

4. 乙种《日书》第133号简："不可垣垣一殷首三殷耐成垣父母死"，整理者摹释为"殷"的两个字，原简书字形分别作：▨（第23字）、▨（第26字）。

按，字书无"殷"字；整理者摹写为"殷"而无解说，实际上并未释出该字。细审字形，此两字左边的构件为"片"、右边的构件为"反"，整字当为"版"；我们要讨论的这两个字形与《说文·片部》所收小篆字形的"𤕨（版）"和睡虎地17·131的"▨（版）"字形接近。从词义义文看，"版"是古代城墙计量单位，一版长一丈，或八尺，或六尺，高两尺。《韩非子·外储说左上》："筑十版之墙，凿八尺之牖。"《诗·小雅·鸿雁》"之子于垣，百堵皆作。"毛传："一丈为版，五版为堵。"

整理者释为"首"的字，原简书字形作：▨，此字模糊难辨，据文义应指比"耐"更轻的一种刑罚。参照汉印中的"▨（真）"、石鼓上的"▨（真）"和《说文·匕部》所收小篆字形的"▨（真）"，可知我们要讨论的"▨"当是"真"字；此处读为"嗔"或"瞋"，《说文·口部》："嗔，盛气也。从口真声。《诗》曰：'振旅嗔嗔。'"《说文·目部》："瞋，张目也。从目真声。""嗔"和"瞋"都可以表示嗔怪、责怪。这里指修墙一版将遭到怒目呵斥。

总之，133号简的这段话当释为："不可垣：垣一版，真（嗔）；三版，耐；成垣，父母死。"《说文·土部》："垣，墙也。"此处前两个"垣"活用作动词，指筑墙。整段话意为：不可以筑墙；修筑一丈，被人责怪；修筑三丈，会被施以耐刑；修完整堵墙，父母会死。

5. 乙种《日书》第162号简："卒者支先从东南之枲㘴="。整理者释为"支先"的两个字，原简书字形作：（该简第19字）、（该简第20字）。

按，就文义而言，释为"支先"于文义难通。就字形而言，此两字当为"丈夫"。"丈"的古文字形作：（说文·十部）、（老子甲4）、（一号墓竹简244）；"支"的古文字形作：（说文古文）、（说文·支部）、（纵横家书160）、（居延简甲19A）；古文字阶段"丈"和"支"的区别性特征是："丈"的上部构件为一横一竖两笔，"支"的上部构件为一竖一撇一点三笔；[①] 将我们要讨论的第162号简第19字与"丈"和"支"的古文字形做比较，可以看出""当为"丈"字。"夫"的古文字形作：（前5·32·1）、（大篆）、（说文·夫部）、（睡虎地简32·2）；"先"的古文字形作：（乙3798）、（令鼎）、（说文·先部）、（睡虎地简24·25）；将我们要讨论的第162号简第20字与"夫"和"先"的古文字形做比较，可以看出""当是"夫"字。马王堆帛书老子甲本第4行"是以大丈夫居其厚而不居其泊（薄）"中的"丈夫"二字作：、，可资比较。

整理者释为"㘴"的字，原简书字形作：（该简第26字）。按，字书无"㘴"字；细察字形，当为"坐"字；此字下原有重文符号，其中第一个"坐"字当读为"座"。《说文·木部》："枲，麻也。""枲坐（座）"指枲麻座椅。

总之，第162号简的这句话当释为："卒者丈夫从东南之枲坐="，整句当读为"卒者，丈夫从东南之枲坐（座），坐。"意为：最后，男子从东南走到枲麻座椅，坐下。

6. 乙种《日书》第209号简："善病□痹"，该简倒数第2字，整理者未释出，其原简书字形作：。乙种《日书》第239号简："善病要痹"，

---

① 刘玉环：《追溯笔程——考释简帛文字的一种方法》，《文山学院学报》2011年第5期。

整理者释为"要"的字，原简书字形作：▨（该简倒数第2字）。

按，这两个简书字形实际上是同一个字。细察之，其结构从"凡"、从"虫"，当为"风"字。《楚帛书》甲篇第1行第31字的"风"作：▨，睡虎地简25·42的"风"作：▨，老子甲138的"风"作：▨，可资比较。《正字通·风部》："风，四肢徧枯曰风。"《素问·痹论》："风、寒、湿三气杂至，合而为痹也。"《晋书·皇甫谧传》："（皇甫谧）后得风痹疾，犹手不辍卷。"第209号简和第239号简都当释为"善病风痹"，意为：容易中风麻痹。

7. 乙种《日书》第254号简："日中为期聚此输羊"。整理者释为"聚"的字，原简书字形作：▨（该简倒数第10字）。

按，此字左下磨灭不清，其右边构件明显为"刀"，故原释为"聚"可商，疑整字当为"剥"。此字与《说文解字》所收小篆字形的"▨（剥）"、马王堆汉墓帛书《五十二病方》第244行的"▨（剥）"、马王堆汉墓帛书《老子乙本前古佚书》第104行的"▨（剥）"字形相近。《说文·刀部》："剥，裂也。从刀、从录。录，刻割也。录亦声。"《诗经·小雅·楚茨》："絜尔牛羊，以往烝尝，或剥或亨（烹），或肆或将。"朱熹注："剥，解剥其皮也。"

整理者释为"输"的字，原简书字形作：▨（该简倒数第8字）。按，此字左边的构件明显不为"车"，而为"羊"，整字当为"羭"。此字与《说文解字》所收小篆字形的"▨（羭）"、马王堆汉墓帛书《五十二病方》第239行的"▨（羭）"字形相近。《说文·羊部》："羭，夏羊牡曰羭。"《急就章》颜师古注：羭，夏羊之牝也。段玉裁据此改《说文》的"牡"为"牝"①。"羭羊"指牝羊。

总之，乙种《日书》第254号简的这句话当释为："日中为期，剥此羭羊"。意为：到日中的时候，解剥这只母羊。

8. 乙种《日书》第258号简："鼓□之男子"。"之"前一字整理者未释出，其原简书字形作：▨（该简第12字）。

按，细察字形，此字与马王堆一号汉墓第88号简"▨（匦）"字所从

---

① （清）段玉裁：《说文解字注》，杭州：浙江古籍出版社，1998年。

的"虎"形近，与晋辟雍碑"▨（彪）"字所从的"虎"形体相似。"虎"本来是个象形字：▨（召伯簋），字形发展到小篆、隶书，已失去象形意味：▨（说文·虎部）、▨（张·盖17）、▨（熹·易·革）、▨（流·屯十七34·3）、▨（流·屯十九25·3）、▨（魏王基残碑）。与上揭诸形相比较，可知我们要讨论的"▨"当为"虎"字。

"虎"前一字原简牍字形作：▨，整理者释为"鼓"；该字原不清晰，疑为"射"字。整句当释为："射虎之男子。"意为：射杀老虎的男人。

9. 乙种《日书》第296号简："非为头＝其黑如□皆相食斵"。整理者释为"为"的字，原简牍字形作：▨（该简第15字）。该简第20字，整理者未释出，原简牍字形作：▨。整理者释为"食"的字，原简牍字形作：▨（该简第23字）。整理者释为"斵"的字，原简牍字形作：▨（该简第24字）。

按，第15字"▨"，上部不清晰，将之与老子甲36的"▨（鸟）"、纵横家书275的"▨（鸟）"和孙子80的"▨（鸟）"相比较，我们认为此字当是"鸟"。

第20字"▨"，下部中间的笔画稍磨灭，将之与《沈子簋》的"▨（鸟）"、《效卣》的"▨（鸟）"和流沙简·屯戍18·4的"▨（鸟）"相比较，可确定为"鸟"字。

第23字"▨"，中间稍残泐，将之与睡虎地简8·10的"▨（争）"和孙膑22的"▨（争）"相比较，可判定为"争"字。

第24字"▨"，原释为"斵"，《篇海》："斵，俗斲字。"细察原简书字形，似当隶定为"斲"。就文义而言，此处"斲"当读为"啄"，两者都属端纽、屋部，读音相同，可以通假。《说文》："啄，鸟食也。"《广韵》："啄，鸟啄也。"

另，"头"下有重文符号，据文义，重文符号所代替的"头"字当用在"其"字之后。

整段话当释为"非鸟头，其头黑如乌，皆相争斲（啄）。"意为：那不是鸟头，它们的头像乌鸦一样黑，都相互争斗啄咬。

10. 乙种《日书》第353号简："宫之音夈如扁窨中宫肠殹"。整理者释为"扁"的字，原简书字形作：▇（该简第6字）。

按，细察字形，当为"处"字；《说文·几部》所收小篆或体的"处"作：▇，老子甲158的"处"作：▇，《熹·公羊·宣六年》的"处"作：▇，可资比较。

从文义看，释为"处"，文义畅通。《玉篇》："处，居也。"《广韵》："处，留也，息也，定也。"第353号简的这段话当释为："宫之音夈，如处窨中。宫，肠殹。"意为：宫的音调深沉幽远，像从地窨中发出来的，宫音主肠。

（原载《简帛研究·二〇一四》，
广西师范大学出版社，2014年12月）

《天水放马滩秦简》疑难字试释

2009年《天水放马滩秦简》出版，引起学术界极大关注，其中收录了1986年在甘肃省天水市北道区党川乡放马滩一号秦墓出土的461枚竹简。简书内容分甲种《日书》、乙种《日书》和《志怪故事》三种，该批竹简属于战国晚期秦，对于研究秦国的历史、文学、术数、书籍制度等具有极其重要的价值。本文在整理小组及时贤考释的基础上，就疑难字词的释读提出十四点自己的看法，以就教于方家。

1. 甲种《日书》第72号简："犬忌癸未酉庚申戌己燔园中犬矢犬弗居"①，整理者释为"居"的字，原简书字形作：▨（该简最后一字）。

按，整理者将之释为"居"而无解说。从字形看，此字与甲种《日书》71号简"鼠弗居"的"▨（居，该简最后一字）"形体明显不同；其下面构件不为"古"，而为"匕"，整字当为"尼"。从文义看，当用"居"字，这里"居"指居守；此处"尼"是"居"的讹别字；因"居"与"尼"形体相近而错将"居"写作"尼"。该句当释为"犬忌癸未、西、庚申、戌、己，燔园中犬矢（屎），犬弗尼〈居〉。"前后文都以天干和地支配成六十甲子来记日，疑此句"西"和"戌"前漏一天干名，"己"后漏一地支名。曹方向先生在《读〈天水放马滩秦简〉小札》一文中提出甲种《日书》72号简"居"当为"尼"字，认为"尼"是"近"的意思，"犬弗尼"犹言犬弗近。②我们认为以"居"为正字，文义更顺畅：犬自古就是看家、守园的好帮手，且前文强调烧"园中"犬屎，则"犬弗居"正可指犬就不会居守这个园子。

另，乙种《日书》第307号简："犬弗居"，整理者释为"居"的字，原简书字形作：▨（该简最后一字）。按，就字形而言，此字当为"尼"。

---

① 甘肃省文物考古研究所编：《天水放马滩秦简》，北京：中华书局，2009年。原释文未加标点，下同。
② 参曹方向首发于简帛网的《读〈天水放马滩秦简〉小札》一文。

整理者依据甲种《日书》和乙种《日书》的字体推测①，甲种《日书》是一种较早的本子，而乙种《日书》是墓主人抄于甲种后形成的一种抄本。甲本错将"居"写为形体相近的"尼"，乙本沿袭了甲本的错误，乙种《日书》第307号简中的"尼"也是"居"的讹别字。

2. 乙种《日书》第109号简："长子死母后害。"整理者释为"母"的字，原简书字形作：▨（该简第19字）。

按，该字当为"毋"。乙种《日书》第111号简正作："少男死毋后灾"，其中的"毋"，原简书字形作：▨，这两个字的形体结构相似，而109号简的"毋"稍不清晰。

就文义而言，这两个"毋"都当读为"无"（两者同属明纽、鱼部），指没有。第109号简"长子死，毋（无）后害"，意指长子死后就没有其他的灾难了。第111号简"少男死，毋（无）后灾"，意指小儿子死后接下来没灾难了。

3. 乙种《日书》第136号简："寅巳申亥卯午酉子亥未戌丑"，整理者释为"亥"的两个字形分别作：▨（该简第4字）、▨（该简第9字）。

按，就词义文义而言，每支简出现的地支都不重复，比如第134号简："卯丑寅午辰巳酉未申子戌亥"，第135号简："子巳酉寅午戌卯未亥辰申丑"。我们认为第136号简第4字与乙种《日书》第127号简第4字的"▨（亥）"、乙种《日书》第147号简第13字的"▨（亥）"字形相同，是"亥"字。而第9字当为"辰"；乙种《日书》第147号简第6字的"辰"作：▨，乙种《日书》第149号简第20字的"辰"作：▨，与此二字相比，我们要讨论的第136号简第9字"▨"仅左边少一竖笔。

乙种《日书》第136号简的这句话当释为："寅巳申亥卯午酉子辰未戌丑"。

4. 乙种《日书》第186号简第4栏："昏市八商金"，整理者释为"昏"的字，原简书字形作：▨（该栏第1字）。

按，从字形看，此字与乙种《日书》第191号简第4栏："昏时九征□"中的"▨（昏）"字形不类，而与睡虎地简20·185的"▨（夙）"字形

---

① 甲种《日书》的字体以圆曲弧线的笔画为主，更多地带有小篆之势，部分字体仍保留战国古文遗风，是介于篆隶之间的一种字体。乙种《日书》的字体与睡虎地相似。

相近，当为"夙"字。

整理者释为"市"的字，原简书字形作：⿰（该栏第 2 字），整理者释为"市"是符合原简书字形的，此处"市"当读为"时"，两者同属禅纽、之部，读音相同，可以通借；《尔雅·释诂下》："夙，早也。""夙时"与 191 号简第 4 栏的"昏时"正相对应。另，这里的"市"也可能读为"食"，乙种《日书》第 16 号简第 2 栏"夙食女莫食男"，正作"夙食"。

从文例看，处在每句这个位置的词都表时段，前文"日中五宫土"，"西中九征土"；后文"莫中七羽金"，"夕中六角水"；都是时段＋数字＋五音＋五行。乙种《日书》第 186 号简第 4 栏的这句话当释为："夙市（时）八商金"。

5. 乙种《日书》第 224 号简："至日中投中蕤宾马殴连面天目裏大唇吻㺅行吾吾殴色暂善病右脾"，整理者释为"㺅"的字，原简书字形作：⿰（该简倒数第 11 字）。

按，此字与同号简前文"马殴"的"⿰（马，该简第 8 字）"字形接近；当为"马"字。"吾吾"指疏远的样子。《国语·晋语二》："暇豫之吾吾，不如鸟鸟。"韦昭注："吾吾，不敢自亲之貌也。""马行吾吾殴"正与前文"马殴"意相联属，指马渐行渐远了。

6. 乙种《日书》第 227 号简："启颜恒鼻"，整理者释为"启"的字，原简书字形作：⿰（该简第 11 字）。

按，此字与《说文·又部》所收小篆字形的"⿰（叚）"、睡虎地简·秦律十八种 48 的"⿰（叚）"形体相似，当为"叚"字。此处"叚"当读为"瑕"；"叚"属见纽、鱼部，"瑕"属匣纽、鱼部；两者韵部同，声纽同为牙音。《说文·玉部》："瑕，玉小赤也。"本指玉上的斑点，这里指人脸上的红斑。"叚（瑕）颜恒鼻"指带红斑的脸、长鼻子。

另，乙种《日书》第 221 号简："启颜兑颐"，整理者释为"启"的字，原简书字形作：⿰（该简第 11 字）。此字原不清晰。宋华强先生改释为"叚"，读为"嘏"。[①]《尔雅·释诂》："嘏，大也。"《说文·古部》："嘏，大远也"。"颜"本指两眉之间，即印堂；后指面容、脸色。一般不用"大"来形容。"瑕"指脸上的斑点，正可修饰"颜"字。总之，乙种《日书》第 221 号简当释为："叚（瑕）颜兑（锐）颐"。意为：带斑点的脸、

---

① 参宋华强首发于简帛网的《放马滩秦简〈日书〉识小录》一文。

尖下巴。

7. 乙种《日书》第 238 号简："为人负偻复面"，整理者释为"面"的字，原简书字形作：▨（该简第 20 字）。

按，此字右边残泐，据左边构件推断为"殹"字。乙种《日书》第 192 号简第 10 字的"殹"作：▨，可资比较。

就文义而言，原释为"面"，"复面"讲不通。"复殹"指此人驼背严重，到了弯下的上半身与下半身平行的程度。"殹"是具有秦地特色的句末语气词，亦出现在睡虎地秦简和龙岗秦简中，不烦举例。

另，整理者释为"负"的字，原简书字形作：▨（该简第 17 字）。乙种《日书》第 230 号简："负偻恶行夸夸然"，整理者释为"负"的字，原简书字形作：▨（该简第 16 字）。按，此两字与乙种《日书》第 257 号简"毂囚者免"的"▨（免）"、乙种《日书》第 311 号简"不免"的"▨（免）"、乙种《日书》第 371 号简"毂囚者不免"的"▨（免）"相似，当为"免"字。读为"俛（即俯）"，"俛偻"指弯腰驼背。[①] 另，乙种《日书》第 231 号简倒数第 7 字和乙种《日书》第 232 号简第 12 字，整理者释为"负"，实际也都是"免"字。

总之，乙种《日书》第 238 号简的这句话当释为："为人免（俛）偻，复殹。"意为：这个人弯腰驼背，弯下的上半身几乎与下半身平行。

8. 乙种《日书》第 252 号简："室可迁从"，整理者释为"从"的字，原简书字形作：▨（倒数第 10 字）。

按，此字与睡虎地简秦律杂抄 11 的"▨（从）"不类；而与睡虎地简 24·19 的"▨（徙）"、老子乙 204 下的"▨（徙）"、石门颂的"▨（徙）"字形接近，当为"徙"字。就词义文义而言，《广雅·释言》："徙，移也。""迁徙"即迁移，文献典籍经常连用，如《荀子·非相》："与时迁徙，与世偃仰。"《风俗通》："及迁徙去处。"例不备举。"迁从"则义不可通。

9. 乙种《日书》第 271 号简："人莫敢若其奈田及皋桑炊者"。整理者释为"奈"的字，原简书字形作：▨（该简第 10 字）。按，细察字形，该字中间的竖笔贯穿整个字形，当为"耒"字。就词义文义而言，"奈"是

[①] 宋华强首发于简帛网的《放马滩秦简〈日书〉识小录》一文提出"免娄"当读为"俛偻"，并举例《汉书·蔡义传》"貌似老妪，行步俛偻，常两吏扶夹乃能行"印证。可参看。

苹果的一种，通称"柰子"，亦称"花红""沙果"。《说文·木部》："柰，果也。"据《广韵》，柰有青、白、赤三种。"柰田"于义难通。若释为"耒"，《说文·耒部》："耒，手耕曲木也。"这里活用作动词，指用耒耕田。

整理者释为"皋"的字，原简书字形作：☒（该简第13字）。按，就字形而言，此字与乙种日书第279号简"皋人"的"☒（皋，该简第16字）"不类；而与马王堆汉墓帛书·春秋事语62的"☒（宰）"、武威汉简·甲本有司17的"☒（宰）"相似；当为"宰"字。就词义文义而言，《玉篇》："宰，治也。""宰桑"指治桑。"皋桑"则义不可解。

乙种《日书》第271号简的这句话当释为："人莫敢若其耒田及宰桑炊者"。"若"，《尔雅·释名》："顺也。"《尚书·尧典》："钦若昊天。"《诗·大雅·烝民》："天子是若。"① 第271号简的整句话意为：人们没有谁敢顺从他耕田及砍桑木为柴做饭的。

10. 乙种《日书》第278号简："安所败旁"。整理者释为"旁"的字，原简书字形作：☒（该简第13字）。

按，此字与《旁鼎》的"☒（旁）"、《说文》所收小篆的"☒（旁）"、居延简甲558的"☒（旁）"字形不类；而与马王堆帛书老子甲113的"☒（辱）"、战国纵横家书39的"☒（辱）"字形相似；当为"辱"字。

就词义文义而言，"败辱"意指败坏名声，使遭屈辱。常见于文献典籍，例如《聊斋志异》："伪造浮言以相败辱。"

11. 乙种《日书》第333号简："凡曰黄钟"，整理者释为"曰"的字，原简书字形作：☒（该简第2字）。

按，该字与乙种《日书》第337号简"凡占胜生"的"☒（占，该简第2字）"、乙种《日书》第360号简"占行益久"的"☒（占，该简第10字）"、乙种《日书》第360号简"占贾市"的"☒（占，该简第14字）"字形相近，当为"占"字。就文义而言，第333号简中的"占"与乙种《日书》第322号简"占盗"的"占"、乙种《日书》第337号简"凡占胜生"的"占"、乙种《日书》第338号简"占疾"的"占"语言地位相同，即词义和用法相同。从上下文文义看，下文作："一左一右复行食之……

---

① 参汉语大字典编辑委员会编《汉语大字典（缩印本）》，湖北辞书出版社、四川辞书出版社，1992年12月，第1327页。

生黄钟置一而自十二之上三益一下三夺一"①，整篇显然是讲占式的，则开首作"凡占黄钟"，文义畅通。

另，乙种《日书》第360号简"白瘭讼益皋"的"白"，原简书字形作：▨（该简第5字），将此字与上四个"占"字相比较，可以看出也应当是"占"字。释为"占"，上下文作："占瘭讼益皋，占行益久，占贾市▨"，语势贯通。

12. 乙种《日书》第336号简："饥□吉语"，整理者未释出的字，原简书字形作：▨（该简第14字）。

按，此字整理者未释出，其左边构件是"言"的草写，右边构件为"旨"，整字当为"诣"。

该简第13字的原简书字形作：▨，整理者原释为"饥"；实则从"言""卂"声；与《说文》所收小篆字形的"▨（讯）"、睡虎地简·封诊式86的"▨（讯）"字形接近，当为"讯"字。

乙种《日书》第336号简的这句话当释为："讯诣吉语"。《说文·言部》："讯，问也。"《尔雅·释言》："讯，言也。"讯这里指请教、访问。《说文·言部》："诣，候至也。""诣"这里指晋谒、造访。"讯诣吉语"指拜访人的吉利话。

13. 乙种《日书》第345号简："上多下白病已上下龙日陲已下多上一日未已而几已"。整理者释为"白"的字，原简书字形作：▨（该简第18字）。整理者释为"龙"的字，原简书字形作：▨（该简第23字）。"陲"前一字整理者释为"日"，其原简书字形作：▨（该简第24字）。"未"前一字整理者释为"日"，其原简书字形作：▨（该简第31字）。

按，第18字"▨"，宋华强先生改释为"占"，并引《六壬大全》卷八"游子稼穑亦名五坟卦，不宜占病已"为证②，所述观点是正确的。

第23字"▨"，原简书字形不清晰，似为"等"字，原释为"龙"于文义难通。

第24字"▨"，当为"曰"字。第31字"▨"，亦当为"曰"字。据文义，这两个"曰"都当读为"占"。恐因"占"与"曰"字形相近而

---

① 该简第11字，整理者原释为"食"，其原简书字形作：▨，似当为"壹"字。
② 参宋华强首发于简帛网的《放马滩秦简〈日书〉识小录》一文。

写错。

第 345 号简的这段话当释为："上多下，占病已；上下等，曰〈占〉瘥已；下多上一，曰〈占〉未已而几已"。意为：上比下多，预示病痊愈；上和下相等，预示病基本痊愈；下比上多一，预示病未痊愈而将要痊愈。

14. 乙种《日书》第 350 号简："三卜鬼六又及殇"。整理者释为："六又"的两个字，原简书字形分别作：✖（该简第 17 字）、✖（该简第 18 字）。

按，此当为"大父"二字。第 17 字与甲种《日书》第 13 号简"可以畜六生"中的"✖（六，该简第 17 字）"字形不类，而与乙种《日书》第 209 号简"恒鼻缘大目"中的"✖（大，该简第 16 字）"、志怪故事第 1 号简第 14 字的"✖（大）"字形接近，当为"大"字。第 18 字从"又"、从"丨"，其"丨"稍磨灭不清，细察确为"父"字。[①]

就文义而言，原释为"六又"，于文义难通。当改释为"大父"，大父指祖父，《韩非子·五蠹》："今人有五子不为多，子又有五子，大父未死而有二十五孙。"大父又指外祖父，《史记·刘敬叔孙通列传》："岂尝闻外孙敢与大父抗礼者哉？"殇指未成年而死。《说文·歹部》："殇，不成人也。"第 350 号简的这句话当释为："三卜鬼大父及殇"。整句话意为：三卜死去的祖父和已死的未成年亲人。

另，乙种《日书》192 号简"八风相养者九水六水殹"，整理者释为"六"的字，原简书字形作：✖（该简第 8 字）。按，此字与上揭三个"大"字形相同，当释为"大"。该句释文应作："八风相养者九水，大水殹。"显然释为"大"，文义更加顺畅。

[原载《宁夏大学学报（人文社会科学版）》2014 年第 4 期]

---

① 刘玉环：《追溯笔程——考释简帛文字的一种方法》，《文山学院学报》2011 年第 5 期。

《天水放马滩秦简》札零

1986年，甘肃省文物考古研究所在天水市东南北道区党川乡放马滩发掘战国晚期秦汉墓葬14座，其中M1大型秦墓出土竹简461支，内容为：甲种《日书》，乙种《日书》，以及《志怪故事》（带有志怪性质的墓主事迹，或称《墓主记》）。竹简曾长期浸泡在墓内积水中，出土后又经清洗，因而文字多有模糊不清之处；我们在研读2009年中华书局出版的《天水放马滩秦简》的过程中，产生了几点不成熟的想法，提出来向学者们请教。

1. 甲种《日书》第28号简："其室有黑荦椟"，整理者释为"椟"的字，原简书字形作：✦（该简倒数第5字）。①

按，此字左边的构件不为"木"，而为"牛"，与上字"✦（荦）"所从的"牛"形体相似；该字右边的构件稍稍写讹；据文义判定正字为"犊"。《说文·牛部》："荦，驳牛也。"《说文·牛部》："犊，牛子也。"② 第28号简的这句话当释为"其室有黑荦犊"，意为：那房子里有一头黑花小牛。

2. 甲种《日书》第32号简："为人方眲默扁默名曰辄曰耳曰志曰声贱人殴得（原释文未加标点，下同）"，整理者释为"眲"的字，原简书字形作：✦（该简第22字）。整理者释为"默"的两个字，原简书字形分别作：✦（该简第23字）、✦（该简第25字）。整理者释为"辄"的字，原简书字形作：✦（该简第28字）。

按，该简第22字，整理者原释为"眲"；细察原简字形，此字左边的构件与甲种《日书》第35号简"赤目"的"✦（目）"和甲种《日书》第37号简"出目"的"✦（目）"不类，而当为"月"；右边的构件为"并"，整字当为"胼"。《集韵》："胼，肤肉疎貌。"《说文·目部》："眲，蔽人视也。一曰直视也。"显然"胼"所代表的词义与下文"扁"意相联属。

该简第23字、第25字，整理者原释为"默"；细察字形，都当为

---

① 甘肃省文物考古研究所编：《天水放马滩秦简》，北京：中华书局，2009年。
② （清）段玉裁：《说文解字注》，杭州：浙江古籍出版社，1998年。

"然"字。①

该简第 28 字，整理者原释为"辄"，此字原不清晰，姑从。

总之，第 32 号简的这句话当释为："为人方，胈然、扁然，名曰辄、曰耳、曰志、曰声，贱人殹，得。"意为：此人身形略方，清瘦、扁细，名叫辄、叫耳、叫志、叫声，是低贱的人，可以获得。

3. 甲种《日书》第 35 号简："臧囷屋屈粪土中蹇木下"，该简第 12 字，整理者释为"囷"，原简书字形作：囮。

按，整理者直接释为"囷"而无注释或说明。从字形看，此字从"木"，当为"困"字；从文义看，当用"囷"。"囷"在这批秦简中多次出现，都从"禾"，例如甲种《日书》73 号简的"囷"作：囮（该简第 14 字），乙种《日书》353 号简的"囷"作：囮（该简第 12 字）。我们要讨论的甲种《日书》第 35 号简将"囷"错写为形近的"困"。

另，整理者释为"屈"的字，原简书字形作：屈（该简第 14 字）。按，"屈"同"屇"，《玉篇·尾部》："屇，短尾也。"《集韵·迄韵》："屈、屇，《说文》无尾也。隶省。"释为"屈"于文义难通。此字与乙种《日书》71 号简："臧囷屋屒粪土中蹇木下"中的"屒（屒）"当为同一个字，而我们要讨论的甲种《日书》第 35 号简第 12 字将构件"辰"稍稍写讹。两字都当为"屒"字，《说文·尸部》："屒，伏皃。"这里用作动词，指趴。②

总之，甲种日书 35 号简的这句话当释为："臧囷屋，屒粪土中蹇木下"，意为：藏在谷仓里，趴在粪土中、废木下。

4. 甲种《日书》第 35 号简："其为人小酉长赤目"，该简第 25 字，整理者释为"酉"，原简书字形作：酉。

按，整理者将之摹形隶定为"酉"，但字书无"酉"字；摹释为"酉"而无解说，实际上并未释出该字。我们认为此字当隶定为"靣"。明代赵宧光《说文长笺·面部》："靣，面本字。""面"字的《说文》小篆字形作：靣，隶书字形作：面（熹平石经）；相比较可以看出，我们要讨论的第 35 号简第 25 字是"面"简省草率的写法。《说文·面部》："面，颜前也。从

---

① 方勇在首发于简帛网的《读〈天水放马滩秦简〉小札（一）》一文中，提出"默"当是"然"字。与我们的观点相同。

② 方勇 2013 年 9 月 28 日首发于简帛网的《读〈天水放马滩秦简〉小札（一）》一文中指出《日书》甲三五简整理者原释为"屈"的字应为"屒"字，《说文》："屒，一曰屋字。"此义正和上文的"屋"字相关。而我们认为"屒"在这里是动词，指伏。

百,象人面形。"该句释文当为"其为人小、面长、赤目"。意为:这个人小个子、长脸、红眼睛。①

5. 乙种《日书》第55号简:"入八月四日乙丑旦",整理者释为"乙"的字,原简书字形作: (该简倒数第4字)。按,细察原简字形,当为"己"字。"己丑",甲子纪日。

乙种《日书》第82号简"戊寅",整理者释为"寅"的字,原简字形作: (该简第18字)。按,细察字形,当为"申"字。"戊申",甲子纪日。

乙种《日书》第82号简"己卯",整理者释为"卯"的字,原简字形作: (该简第20字)。按,细察字形,当为"酉"字。"己酉",甲子纪日。另,乙种《日书》第81号简第3字的"卯"作: ,可资比较。

6. 乙种《日书》第68号简:"其为人方面黄领悬目",整理者释为"悬"的字,原简书字形作: (该简倒数第9字)。

按,此字原不清晰,整理者释为"悬"。从文义看,"悬目"于义难通。就字形而言,此字下部不为"心",而是"衣"字的下部,整字当为"瞏"。《正字通·目部》:"瞏,同睘,俗省。"《说文·目部》:"瞏,目惊视也。从目,袁声。《诗》曰:'独行瞏瞏。'"《墨子·节葬》:"以此求治,譬犹使人三瞏,而毋负己也。""瞏"的古文字形作: (瞏卣)、 (驹父盨)、 (江陵楚简)、 (说文·目部)、 (汉印)、 (马王堆汉墓帛书(叁)·战国纵横家书189);不难看出,我们要讨论的乙种《日书》第68号简倒数第9字与《战国纵横家书》189号简中的"瞏"形体十分接近。"瞏目"这里指圆睁的眼睛;"其为人方面、黄领、瞏目"意指:那人四方脸、黄脖子、瞪着大圆眼睛。②

7. 乙种《日书》第72号简:"枲中既臧刍藁中",整理者释为"中"的字,原简书字形作: (该简第14字)。

按,就字形而言,当为"才"字。"中"的古文字形作: (前1·6·

---

① 曹方向2009年9月30日首发于简帛网的《读〈天水放马滩秦简〉小札》一文中指出此字可隶定作面;又认为金文面字从口从目,简文也可能是从口从目;认为此字宜直接释写作面。曹先生的释读与我们的释读略有不同,可参看。

② 复旦大学出土文献与古文字研究中心研究生读书会改释"悬"为"瞏",读为圜。我们认为"瞏"即为本字。

1)、ф（甲 398）、ф（兮仲簋）、ф（三体石经·无逸）、ф（说文·丨部）、ф（马肆·五 247）、ф（定县竹简 139）。"才"的古文字形作：ф（续 1·3·6）、ф（乙 7191 反）、ф（旂鼎）、ф（中山王壶）、ф（说文·才部）、ф（马壹·老甲后 268）、ф（魏王基残碑）。"中"字从"口"，而我们要讨论的字形的上部是一粗横，这正与"才"的古文字形相符。整理者误认为粗横是粘连的构件"口"，致使释读错误。

从文义看，"才"当读为"在"，"才"和"在"古音相同（都属从纽、之部）。第 72 号简的此句释文应作："禹才（在）厩，臧（藏）刍稾中。"意为：当在马圈里，藏在刍稾中。另，乙种《日书》第 73 号简有"禹在牢圈中"，乙种《日书》第 74 号简有"禹在山谷"，可为印证。

对于"禹"字，曹方向在《读〈天水放马滩秦简〉小札》一文中根据辞例指出"禹"可能是隐藏之义。宋华强在《放马滩秦简〈日书〉识小录》一文中提出"禹"当读为"侧"，"侧"指"伏""匿"，与"藏"义通。我们认为"禹"表应该的意义就可读通原文，且文义更加顺畅。

8. 乙种《日书》第 74 号简："申侯毁"，其中第 2 字作：ᄃ，整理者释为"侯"而无解说。

按，就字形而言，此字由一横一撇一"口"构成，当为"石"字。① 就文义而言，前一简作"未羊"，后一简作"酉鸡"，简文将十二地支与十二生肖配对，此处应作"申侯"；这里"石"是"侯"的讹别字；甲种《日书》第 38 号简正作"申矣"；"侯"和"矣"都当读为"猴"。整理者直接释为"侯"，与原字形不符。74 号简的这句话当释为："申石〈侯（猴）〉毁"。②

乙种《日书》第 71 号简："巳鸡毁"，整理者释为"鸡"的字，原简字形作：ᄃ（该简第 2 字）。按，释为"鸡"，与原简书字形相符；但下文另

---

① 刘玉环：《追溯笔程——考释简帛文字的一种方法》，《文山学院学报》2011 年第 5 期。
② 柯秋白 2010 年 6 月 24 日于首发于简帛网的《〈天水放马滩秦简〉札记》一文中提出"ᄃ，石非侯。睡虎地秦墓《日书》甲简 91 背壹'申，石也'。睡虎地秦墓《日书》甲简 77 背'申，环也'。孔家坡汉简《日书》简 375'申，玉石也'。"按，柯先生认为原简书字形当为"石"的意见与我们相同；但联系上下文，我们不赞同"石"即为正字的观点。十二生肖出现在放马滩甲种《日书》简 30 至简 41，乙种《日书》简 66 至简 77，基本上奠定了流传至今的十二生肖的格局：子鼠、丑牛、寅虎、卯兔、辰虫、巳鸡〈蛇〉、午马、未羊、申石〈侯（猴）〉、酉鸡、戌犬、亥豕。与十二地支相配的全是动物，"石"当为"侯"的形近讹字。

有"酉鸡",将十二地支与十二生肖相配,当为"巳蛇";此处"鸡"字实为"蛇"字之误。甲种《日书》第35号简已将"巳蛇"误抄为"巳鸡",乙种《日书》沿袭了这一错误。第71号简的此句当释为:"巳鸡〈蛇〉殹"。

9. 乙种《日书》第75号简:"酉鸡也",整理者释为"也"的字,原简书字形作:▨(该简第3字)。

按,此字原不清晰,细察字形,当为"殹"字。上下文都作"殹",此处恐非整理者释读错误,恐是排版错误。

10. 乙种《日书》第135号简:"凡是土□月不可取土",整理者释为"月"的字,原简书字形作:▨(该简第17字)。

按,此字原不清晰,细察字形,与乙种《日书》133号简"不可垣"的"可"字形相近,当为"可"字。此字的前一字磨灭,文义不可解。

11. 乙种《日书》第181号简:"大簇生南吕",整理者释为"簇"的字,原简书字形作:▨(该简倒数第11字)。

按,从字形看,原简书字形中没有构件"竹",原字当为"族"。从文义看,"太簇"是十二律之一,即该句释文当为:"大(太)族(簇)生南吕"。另,乙种《日书》第180号简倒数第8字和乙种《日书》第181号简倒数第6字也都将"簇"写为"族",不应直接释为"簇"。

12. 乙种《日书》第188号简:"南吕卌八俗山",整理者释为"俗"的字,原简书字形作:▨(该简倒数第2字)。

按,此字左边构件不为"人"而为"木";右边构件模糊,似为"公";整字或当为"松"。另,乙种《日书》184号简和乙种《日书》186号简中整理者原释为"俗山"的字都不清晰,恐都当为"松山"。

13. 乙种《日书》第286号简:"夹钟多一自乱"。整理者释为"乱"的字,原简书字形作:▨(该简第14字)。

按,细察字形,当为"死"字。此字与盂鼎的"▨(死)"、侯马盟书的"▨(死)"、《说文解字·死部》所收小篆字形的"▨(死)"、睡虎地秦墓竹简《秦律十八种》第5号简第16字的"▨(死)"、老子乙本卷前古佚书第2行下倒数第1字的"▨(死)"字形相近。而"乱"的古文字形作:▨(诅楚文)、▨(说文·乙部)、▨(睡虎地秦墓竹简·为吏之道第27号简)、▨(银雀山汉墓竹简（壹）·孙子兵法第6号简"乱而取之")、▨(居延新简ESC·2A·9"逆乱者")，"乱"还有更简省的写法：▨〔老子甲本126"邦家闉（昏）乱"〕、▨〔天下至道谈38"为之楠（喘）息中乱"〕、▨〔孙膑兵法340"适（敌）弱以乱"〕、▨(六韬688"败法乱刑")①、▨(春秋事语75·14)，我们要讨论的乙种《日书》第286号简第14字与上揭"乱"的古文字形不类。就文义而言，释为"死"或释为"乱"，文义均可通。《汉书·魏豹田儋韩〔王〕信传》颜师古注："大夫种位为大夫，名种也，有功于越，而勾践逼令自死。"《汉书·严朱吾丘主父徐严终王贾传》："人未见虏，战士自死。"《汉书·匈奴传》颜师古注："言于汝所居处自死。"

14. 乙种《日书》第330号简："龙火司水"。

按，"火"前有一字作：▨（该简倒数第4字），此字模糊不清，原整理者漏释，似当为"司"；原句当释为："龙司火司水。"下文"司水"的"司"作：▨（该简倒数第2字），两字形体相近，当为同一个字。

15. 乙种《日书》第347号简："□年刑直北在土刑徙所胜直〓徙所中胜刑五岁而复并于土"。整理者释为"北"的字，原简书字形作：▨（该简第5字），整理者释为"中"的字，原简书字形作：▨（该简第16字）。

按，整理者原将该简第5字释为"北"，但此字与乙种《日书》第350号简第25字的"▨（北）"字形不类；当为"并"字。

第16字原不清晰，字形与第5字相似，亦当为"并"字。

整句话当释为："□年，刑直，并在土，刑徙所，胜直，直徙所，并胜，刑五岁而复并于土"。

16. 乙种《日书》第350号简："巫亲阴雨公六律"。整理者释为"亲"的字，原简书字形作：▨。

按，此字原不清晰，整理者摹释为"亲"，字书无"亲"字，"亲"实不成字。我们认为这是个错字，正字当为"帝"。整句释文当为"巫帝阴雨公六律"。

---

① 以上四个字形与天下至道谈54"乳坚鼻汗"的"▨（乳）"形体相同，"乱"的省体与"乳"构成同形关系，同形的两个字在意义上毫无联系，可以依据文义来区别使用的是哪个汉字，记录的是哪个词。

17.《志怪故事》第 1 号简："王里樊𡎺"，整理者释为"𡎺"的字，原简书字形作：☒（该简第 20 字）。

按，就字形而言，此字下面的构件不为"土"，而为"豆"；整字当为"登"。就文义而言，"王里"为地名，"樊登"为人名，"樊"为姓，"登"为名。

18.《志怪故事》第 4 号简："相丘之上"，整理者释为"相"的字，原简书字形作：☒（该简第 2 字）。

按，细察原简字形，左边构件为"木"，是毫无疑问的；右边的构件与侯马盟书中的"☒（白）"、《三体石经·僖公》中的"☒（白）"字形相似，当为"白"；整字当为"柏"。"柏丘"指生长柏树的山坡。

（原载《内江师范学院学报》2014 年第 7 期）

秦简释文拾遗

　　1975年，湖北云梦睡虎地十一号墓出土竹简1155枚（另有残片80枚），内容主要是法律、文书，计有下列十种：《编年记》《语书》《秦律十八种》《效律》《秦律杂抄》《法律答问》《封诊式》《为吏之道》《日书》甲种、《日书》乙种，1990年《睡虎地秦墓竹简》一书出版。1986年，甘肃省天水市北道区党川乡放马滩一号秦墓出土竹简461枚，简书内容分甲种《日书》、乙种《日书》和《志怪故事》三种，2009年《天水放马滩秦简》一书出版。1989年，湖北云梦龙岗六号墓出土竹简283枚，木牍1枚，简牍内容是秦代的法律，2001年《龙岗秦简》一书出版。2002年，里耶古城遗址一号井出土简牍37000余枚，内容为官署档案，2007年《里耶发掘报告》一书出版，公布了其中一小部分简牍。

　　我们就上列四种秦简中的字词考释提出几点自己的看法，以就教于方家。

　　1. 睡虎地秦墓竹简·秦律十八种第86号简："有久识者靡蚩之"，整理者释为"蚩"的字，原简书字形作：▇（该简第19字）。其后注释："靡，即磨。蚩（音产），读为彻，磨彻，意为磨坏，磨除。"[①]

　　按，《汉语大字典》在"蚩"的字头下收录了睡虎地秦简中的这个字形，可见是认同这种说法的。但注释的说法颇为迂曲，笔者认为这个字形是"去"的讹别字。睡虎地秦墓竹简·效律第19号简："官啬夫必与去者效代者"中的"去"作：▇（该简第13字），两者形近。第86号简第19字的正字为"去"，"靡去"指磨掉。"久"在这里指烙印的标记。秦律十八种第86号简的这句话当释为："有久识者靡（磨）蚩〈去〉之。"意为：有烙印标记的就磨去。

　　另，睡虎地秦墓竹简·秦律十八种第104号简："靡蚩其久"，整理者释为"蚩"的字，原简书字形作：▇（该简第33字）。此"蚩"也是"去"的讹别字，即正字当为"去"。第104号简的这句话当释为："靡（磨）蚩

[①] 睡虎地秦墓竹简整理小组：《睡虎地秦墓竹简》，北京：文物出版社，1990年。

〈去〉其久"。意为：磨去烙印标记。

2. 睡虎地秦墓竹简·为吏之道第三栏第5号简："势（傲）悍衰暴"，整理者释为"衰"的字，原简书字形作：▨（该简第3字）。其后注释："衰，应读为戮。《淮南子·时则》：'孟秋之月……求不孝不悌、戮暴傲悍而罚之。'与简文可相对照。《吕氏春秋·贵因》注：'戮，暴也。'"

按，整理者将此字隶定为"衰"，与原简书字形不符，且字书无"衰"字；读为"戮"，虽于文义可通，但"衰"与"戮"找不到字形、字音方面的联系，因此原释文及注释的说法并不可信。笔者认为我们要考察的字形实不成字，是个错字，正字当为"寇"。睡虎地秦墓竹简·日书甲种第9号简正面第贰栏："必耦（遇）寇盗"的"寇"作：▨（第16字），比较这两个字形可以看出两者大体面貌相似，而我们要讨论的"▨"字将"宀"下的构件"元"和"攴"写讹（简文模糊不清，也可能原来就是"寇"字的正确写法）。从词义文义看，"寇"指暴乱。《说文·攴部》："寇，暴也。从攴、完。"《金文编》："从人从攴在宀下，会意。"《广雅·释言》："寇，钞也。"又"钞，掠也。"《尚书·费誓》："无敢寇攘。"总之，为吏之道第三栏的这句话当释为："势（傲）悍寇暴"。意为：傲慢强悍凶恶暴虐。

3. 睡虎地秦墓竹简·日书甲种第44号简背面第贰栏："鬼恒为人恶瞢（梦），觉（觉）而弗占"，整理者释为"占"的字，原简书字形作：▨（该栏第10字）。其后注释："占，《广雅·释诂四》：'譣（验）也'。"

按，从字形分析，此字实际上由三笔构成：向右的一斜竖、中间的一横、左边及左下的一竖弯钩；整字应该是"已"字，而不是由"卜"和"口"两个构件组成的"占"字。睡虎地秦墓竹简·日书甲种第59号简背面第贰栏："勿（忽）见而亡，亡（无）已"的"已"作：▨（第11字）；睡虎地秦墓竹简·日书甲种第30号简背面第三栏第13字的"已"作：▨；我们要讨论的字形与这两个字的笔程一致。[①] 关沮秦汉墓简牍·周家台三〇号秦墓简牍图版21第188号简第9字的"占"作：▨，我们要讨论的字形与此字字形明显不同。就文义而言，将此字释为"占"，文义不很通畅，而释为"已"，"已"指停止；"觉（觉）而弗已"意为：醒来了噩梦还不停止。这种梦魇现象奇怪且不常见，所以古人认为是鬼在作怪。

4. 天水放马滩秦简·甲种日书第55号简："丑旦有言怒安得美言昼遇

[①] 刘玉环：《追溯笔程——考释简帛文字的一种方法》，《文山学院学报》2011年第5期。

恶言夕恶言"①，整理者释为"怒"的字，原简书字形作： （该简第 24 字）。②

按，就字形而言，此字上面的构件为"巩"，整字当为"恐"；因字形上部笔画粘连，致使整理者误释。此字与诅楚文的" （怒）"、《说文·心部》的" （怒）"、老子甲 70 的" （怒）"不类，而与睡虎地简 15·105 的" （恐）"、老子甲 6 的" （恐）"、春秋事语 16 的" （恐）"相似。

从文义看，该句出自《禹须臾所以见人日》，前一号简作："子旦，有言，喜，听。安不听？昼得美言，夕得美言。""喜"和"恐"都表心理活动。该句当释为："丑旦，有言，恐。安得美言？昼遇恶言，夕恶言。"意为："丑日的早晨，有言辞，内心恐惧。什么时候得到好的言辞？白天遇到不好的言辞，晚上（遇到）不好的言辞。"

5. 天水放马滩秦简·乙种日书第 77 号简："其为人长面折鞮赤目长鼻得"，整理者释为"鼻"的字，原简书字形作： 。

按，细察字形，此字与《说文·鼻部》所收小篆字形的" （鼻）"、足臂灸经 10 的" （鼻）"、老子甲后 209 的" （鼻）"不类，而与睡虎地简 36·82 的" （髪）"、老子乙前 104 下的" （髪）"相似；当为"髪"字。就词义文义而言，"髪"通常用"长"修饰，而"鼻"通常用"高"修饰。

另，从 66 号简到 77 号简都是讲捕捉盗贼的，简文常涉及盗贼偷了什么东西、藏在什么地方、长得什么样子等。比如第 70 号简："其为人长颈、小首、小目"，第 71 号简："其为人小、面长、赤目"，例不备举。而《说文·革部》："鞮，革履也。""鞮"表皮制的鞋子的意义不合文义，我们认为"鞮"当读为"题"（都以"是"为声符），"折题"形容一个人额头高突、眼眶下陷，像是额头折下去似的。③

总之，第 77 号简的这段话当释为"其为人长面、折鞮（题）、赤目、

---

① 2009 年中华书局出版甘肃省文物考古研究所编的《天水放马滩秦简》一书，原释文未加标点，下同。
② 甘肃省文物考古研究所编：《天水放马滩秦简》，北京：中华书局，2009 年。
③ 学者们有不同观点。复旦读书会将"提"读为"题"，认为"题"指额头，却不明"折"义。宋华强《放马滩秦简〈日书〉识小录》一文提出"鞮"字实为"鞮"字误释，或简文把"鞮"字误书为"鞮"，"鞮"当读为"頞"，古书形容人相貌丑陋常用"折頞"一词，并举《汉书》《后汉书》等印证；认为"折頞"似即现代俗语所谓"塌鼻梁"。按，"折頞"形容人的相貌，符合文义，但其论证稍嫌迂曲。该文首发于简帛网，可参阅。

长发,得"。意为:这个人长脸、高额头、红眼睛、长头发,可以捕获。

另,乙种《日书》第 236 号简:"大口,多黄髪",整理者释为"髪"的字,原简书字形作:▨(该简第 17 字)。按,释为"髪",于文义可通。但就字形而言,原字不似"髪"字,此字上从"自"、下从"匕",是个错字,正字当为"髪"。

6. 天水放马滩秦简·乙种日书第 200 号简:"主北方时夜失客殹",整理者释为"失"的字,原简书字形作:▨(该简第 12 字)。

按,利用笔程追溯法分析此字字形,当为一撇一捺两横一竖,其中竖笔左边的笔画模糊不清,整字当为"半"。

就词义文义而言,若释为"失",于文义难通;疑整理者误以为"失"与下字"客"连读,"失客"构成动宾结构;实际上,此字与上一字"夜"相连,一起表示一个时段,与乙种《日书》第 199 号简"主西方,时日入,主人"中的"日入"、乙种《日书》第 197 号简"主东方,时平旦,色青,主人"中的"平旦"用法相同。"夜半"指半夜,古籍常见,比如《左传·哀公十六年》:"醉而送之,夜半而遣之。"《史记·孟尝君列传》:"夜半至函谷关。"

总之,乙种《日书》第 200 号简的这句话当释为:"主北方,时夜半,客殹。"

7. 天水放马滩秦简·乙种日书第 238 号简:"乏黑善病腹肠",整理者释为"乏"的字,原简书字形作:▨(该简第 16 字)。

按,细察字形,此字与睡虎地简 16·115 的"▨(乏)"、老子乙前 105 上的"▨(乏)"、西陲简 49·17 的"▨(乏)"不类,而与《说文·色部》所收小篆字形的"▨(色)"、《老子》甲 111 的"▨(色)"、史晨碑的"▨(色)"相似,当为"色"字。乙种《日书》第 220 号简的"色"作:▨,乙种《日书》第 234 号简的"色"作:▨,乙种《日书》第 236 号简的"色"作:▨,可为印证。就词义文义而言,释为"乏",于文义难通。释为"色","色黑"指皮肤黑。"色黑善病腹肠"的说法有医学上的依据,肠胃长期不健康,会导致皮肤粗糙、变黑、生斑、长痘。

另,乙种《日书》第 239 号简:"色黄黑",整理者释为"黄"的字,原简书字形作:▨(该简倒数第 6 字)。按,此字模糊不清,整理者释为"黄",我们认为此字上面的构件为"艹",下面的构件为"仓",整字当是

"苍"。第 239 号简的释文应作："色苍黑"。乙种日书第 220 号简正作"色苍黑"，其中的"苍"字作：■，可资比较。

8. 天水放马滩秦简·乙种日书第 243 号简："有初毋后贾市行财皆然"，整理者释为"财"的字，原简书字形作：■（该简第 36 字）。

按，此字与《说文·贝部》所收小篆字形的"■（财）"、老子甲 146 的"■（财）"、孙膑 135 的"■（财）"不类，而与《说文·贝部》所收小篆字形的"■（贩）"、乙种《日书》270 号简"市贩事殹"的"■（贩，该简第 8 字）"字形相近，当为"贩"字。

就词义文义而言，若释为"财"，"行财"不见于典籍，于义难通。释为"贩"，《说文·贝部》："贩，买贱卖贵者。""行贩"指行商，与"贾市"意相联属。"行贩皆然"指做买卖的都这样，文义可通。第 243 号简的这句话当释为："有初毋（无）后，贾市行贩皆然。"

9. 龙岗秦简第 119 号简"袾〈逃〉"，整理者释为"袾"、读为"逃"的字，原简书字形作：■（该简第 11 字）。其后注释："袾，左旁从衣疑为从辵之误，即'逃'。"①

按，"袾"字未见于历代字书，细审原简书字形，左边的构件应该是"彳"，而不是"衣（若认定为'衣'，则剩下的右边的构件就不是'兆'了）"，整字当隶定为"徟"。"辵"的甲骨文字形作：■（后 2·14·18）、■（乙 3002），像脚在道路上行走之形；"彳"为"行"之一半；在古文字中构件"辵"和"彳"常常通用，故"徟"可以看作"逃"的异体字。原简牍字形右边构件"兆"最左边的笔画与左边的构件"彳"相粘连，致使原考释不正确。第 119 号简的此字当释为："徟（逃）"。

10. 里耶秦简 J1⑧133 正面第 4 列："启治所狱留□，敢言之。"其中第 6 字作：■，整理者原未释。②

按，此字与《说文·须部》的"■（须）"、睡虎地简 18·159 的"■（须）"、老子乙前 20 上的"■（须）"、纵横家书 132 的"■（须）"相似，当为"须"字。

"须"在此处义为"止"，《尚书·五子之歌序》："太康失邦，昆弟五

---

① 中国文物研究所、湖北省文物考古研究所：《龙岗秦简》，北京：中华书局，2001 年。
② 湖南省文物考古研究所：《里耶发掘报告》，长沙：岳麓书社，2007 年。

人，须于洛汭。"孙星衍注引马融曰："须，止也。""留须"即留止、留待。

　　11. 里耶秦简 J1⑧134 正面第 1 列："前日竞（竟）陵蘫（荡）阴狼叚（假）迁陵公船一。"整理者释为"蘫"的字，原简书字形作：▆（该行第 21 字）。按，从字形看，此字与流·屯九4·19 的"▆（汉）"、居延简甲 359B 的"▆（汉）"形体相似，当为"汉（繁体作：漢）"字。"汉阴"属竟陵管辖，在汉水南岸。另，整理者释为"叚"、读为"假"的字，原简书字形作：▆（该行第 24 字）。按，此字左边原有构件"亻"，整字当为"假"。总之，J1⑧134 正面第 1 列的这句话当释为："前日竞（竟）陵汉阴狼假迁陵公船一。"

　　里耶秦简 J1⑧134 正面第 4 行："何故□□辟□"。"故"后一字整理者未释，其原简牍字形作：▆（该行第 29 字）。按，此字与 J1⑧134 正面第 3 行倒数第 5 字的"▆（弗）"、J1⑨7 正面第 4 行第 7 字的"▆（弗）"字形相近，当为"弗"字。"辟"前一字整理者未释，其原简牍字形作：▆（该行第 30 字）。按，此字上面构件模糊不清，细察其下面构件为"虫"，整字与武威简·士相见 12 的"▆（蚤）"字形相近，当为"蚤"字。"辟"后一字，模糊难辨。第 4 行的这句话当释为："何故弗蚤（早）辟□"。意为：为什么不早点……呢？

　　12. 里耶秦简 J1⑨7 正面第 2 行："有赍钱万一千二百一十一"。整理者释为"一十"的两个字，原简牍字形作：▆（该行第 3、第 4 字）。按，此是两字合书，与 J1⑯12 第 5 行"百七十五里"中的"▆（七十，该行第 2、第 3 字）"字形相近，当为"七十"二字。第 2 行的这句话当释为："有赍钱万一千二百七十一"。

　　里耶秦简 J1⑨7 正面第 3 行："言洞庭尉令署所县责以受（授）阳陵司空"。原简牍"令"字和"署"字中间有一字作：▆（第 3 行第 1 字），整理者漏释。按，此字与《说文·申部》所收小篆字形的"▆（申）"、老子甲 47 的"▆（申）"字形相近，当为"申"字。"申"指下级向上级申报。

　　13. 里耶秦简 J1⑨984 正面："廿八年八戊辰朔丁丑酉阳守丞□敢告迁陵丞主亭里士五（伍）顺小妾□余有律事□□□□迁□"。

　　按，原简牍"戊"前有一字作：▆（第 1 行第 5 字），整理者漏释。此字清晰可辨，当为"月"字。

"敢"前一字，整理者未释，原简牍字形作：㇆（第 1 行第 15 字）。按，此字与《说文·又部》所收小篆字形的"㇆（又）"、老子乙 233 下的"㇆（又）"字形相近，当为"又"字。此处"又"是人名，时为西阳守丞。

"妾"后一字，整理者未释，原简牍字形作：（第 2 行第 8 字）。按，此字与孙膑 105 的"（产）"字形相似，应为"产"字。

"事"后四字，整理者未释，原简牍字形分别作：（第 2 行第 13 字）、（第 2 行第 14 字）、（第 2 行第 15 字）、（第 2 行第 16 字）。按，其中第 13 字模糊难辨。第 14 字，左边构件残泐，据右边构件将整字释为"以"。第 15 字、第 16 字分别与第 1 行的"（丁）（丑）"字形相似，当为"丁丑"二字。"以丁丑"指在丁丑那天。

整理者释为"迁"的字，原简牍字形作：（第 2 行第 17 字）。按，此字与 J1⑨981 正面第 3 行倒数第 7 字的"（遣）"字形相近而书写潦草，当为"遣"字。此字后一字，整理者未释，其原简牍字形作：（第 2 行第 18 字）。按，此字与 J1⑧134 正面第 2 行第 8 字的"（归）"、第 22 字的"（归）"字形相近，当为"归"字。"遣归"指贬谪、释放或休弃而令归，比如《汉书·孔光传》："遣归故郡。"

总之，J1⑨984 正面的这段话当释为："廿八年八月戊辰朔，丁丑西阳守丞又敢告迁陵丞主：亭里上五（伍）顺小妾产余，有律事，□以丁丑遣归"。

（原载《古籍研究》2015 年）

利用帛书《老子》校正通行本《老子》四则

1973年12月，长沙马王堆三号汉墓出土了帛书《老子》①，把几千年来的老学研究引向更广阔的天地。这次发现的帛书中，《老子》有两种写本，为了便于称引，把字体较古的一种称为甲本，另一种称为乙本。两者都是《德篇》在前，《道篇》在后。帛书《老子》的字句和通行本《老子》②有很多出入，对校勘和研究《老子》一书具有重要的参考价值。

一方面，可以利用通行本《老子》来考释和补足帛书《老子》，在整理和研究帛书《老子》的过程中，这种方法广为学者们使用；另一方面，可以利用帛书《老子》校正通行本《老子》，从而更好地疏通文句，进而更科学更合理地理解老子本意。下面四则即是笔者利用帛书《老子》来纠正通行本《老子》而做出的一点尝试，有不当之处，敬请方家指正。

一、意声相和

通行本《老子》第二章作："天下皆知美之为美，斯恶已；皆知善之为善，斯不善已。故有无相生，难易相成，长短相形，高下相倾，音声相和，前后相随。是以圣人处无为之事，行不言之教。万物作焉而不辞。生而不有，为而不恃，功成而弗居。夫唯弗居，是以不去。"③

陈鼓应先生的《老子注译及评介》将"音声相和"解释为："乐器的音响和人的声音互相调和。"④郭锡良等先生编的《古代汉语》选了《老子》第二章，在文后注释"音：指音调有高低的乐音。声：指音调简单的和声。和：和谐。音与声是相对立的，两者相配合才能形成和谐的音乐，显现出声音的高低。"⑤这两种解释都对"音"和"声"做了区分，但都没有

---

① 这里所说的帛书《老子》依据1980年由国家文物局古文献研究室编著、文物出版社出版的《马王堆汉墓帛书（壹）》，下同。
② 这里所说的通行本，即传世本，本文主要以方勇标点整理的《老子·奚侗集解》（上海古籍出版社2007年）为依据，有字词出入的，随文作注。
③ 方勇导读，方勇标点整理：《老子·奚侗集解》，上海：上海古籍出版社，2007年。
④ 陈鼓应：《老子注译及评介》，北京：中华书局，1984年。
⑤ 郭锡良等：《古代汉语》，北京：商务印书馆，2007年。

说明其区别使用的依据，也没有说清楚"音"和"声"怎么会是相反相成的关系。《说文·音部》："音，声也。生于心又节于外谓之音；宫商角徵羽声；丝竹金石匏土革木音也。从言，含一。"《说文·耳部》："声，音也。从耳，殸声。殸，籀文磬。"① 许慎使用互训的方法解释"音"和"声"；可见笼统地说，"音"和"声"都可以指乐音和一般的声音；分析来说，其区别历来存在争议，依据《说文》的解释，则"声"指声律，"音"指乐器，声律依靠乐器奏出美妙的乐曲，从这个角度说，"音"和"声"相互依存；但两者是意义相关的同类概念，并不存在对立关系。而老子在这一章提到的概念都有对立的两个方面，他以美和丑、善和恶的相互依存关系引出有无、难易、长短、高下等的对立统一，进而阐述"无为"的政治主张。其中"有"和"无"、"难"和"易"等都是相互依存、相互联系的，又都是相互对立的，即都是两个表面相反的概念的相生相成，反映了老子朴素的辩证法思想。而"音"和"声"不存在对立关系，所以"音声相合"与上下文文义不能贯通。

相应的文句出现在帛书《老子》甲本第96行，整理者释为"意〈音〉、声之相和也"，其中该行第10个字原帛书字形作：。帛书整理者将之释为"意"，后用尖括号注出"音"，依照此书凡例，尖括号表明正讹关系，即认为此处"意"是别字，正字当为"音"。整理者显然是依据通行本《老子》来释定帛书。实际上，《说文·心部》："意，志也。从心察言而知意也。从心，从音。"即"意"是思想、意向的意思，在这里和"声"相对，表示思想内容；"声"表语音形式；声音表达心意，称之为"意声之相和"，文从义顺；而且"意"和"声"同属于语言这一属概念，又存在相反相成的关系。另，《老子》乙本第75行有"声实调合，祸衬（灾）废立"的句子，其中"实"的内涵和"意"基本一致，可为辅证。

总之，帛书《老子》中的"意"就是正字，不是别字；"意声相合"正符合老子本意。相反，通行本《老子》在流传过程中，因"声"和"音"常常连用，"意"字受下文"声"字影响，而脱落构件"心"，错写成"音"，参照帛书《老子》可以得到校正。纠正后通行本《老子》的文句应为"故有无相生，难易相成，长短相形，高下相倾，意声相合，前后相随。"意为：因此有和无相互生发，难和易相辅相成，长和短相对成立，高和下相互转化，思想和声音相应相合，前和后相随相从。

---

① （汉）许慎著、（宋）徐铉校定：《说文解字（附检字）》，北京：中华书局，2009年。

二、瀟呵始，万物之宗

通行本《老子》第四章作："道冲①，而用之或不盈。渊兮似万物之宗。挫其锐，解其纷，和其光，同其尘②，湛兮似或存。吾不知其谁之子，象帝之先。"

这段话出现在帛书《老子》甲本第 100 行，整理者释为："道冲而用之，有弗盈也；瀟（渊）呵始（似）万物之宗。锉其兑，解其纷，和其光，同其尘。湛呵，似或存。吾不知谁子也，象帝之先。"其中此行第 3 个字的原帛书字形作：🔳，帛书整理者释为"瀟"，读为"渊"。其后注释："瀟是渊之异体字，春秋时《王孙遗者钟》'肃哲圣武'，《齐镈》及《叔夷钟》'肃肃义政'肃皆读为渊。"

按，《说文·水部》："瀟，深清也。从水，肃声。"《说文·水部》："渊，回水也。"显然"瀟"和"渊"是记录不同词的两个完全不同的字，注释中"瀟是渊之异体字"的说法不准确。若认为此处的"瀟"当读为"渊"，那么两者应该是正讹关系。实际上，"瀟"指水深而清澈，形容祖源的清深幽远，其意义正合文义。

帛书《老子》乙本与通行本同，亦作"渊"。"渊"指水的深远，于文义亦可通。但下文作："湛兮似或存。"《增修互注礼部韵略·豏韵》："湛，澄也。"③湛有清澈、透明的意思。"瀟"的深清义与下文表示清澈的"湛"正相呼应，因此文中用"瀟"比用"渊"更加贴切。疑因"瀟"字不如"渊"字常用，所以在流传过程中，误将"瀟"错写为形近的"渊"。另，《老子》甲本第 106 行有"心善瀟"的句子，其中的"瀟"字作：🔳，"瀟"也用为本字。

此句第三个字，通行本作"似"，帛书甲本用"始"（整理者依据通行本将帛书的"始"读为"似"）。[汉]河上公曰："道渊深不可知也，似为

---

① 傅奕本、范应元本作"道盅"，它本皆作"冲"。盅和冲都有空虚之义。此注依据奚侗集解。

② 陈鼓应先生认为"挫其锐，解其纷，和其光，同其尘"是第五十六章错简重出，因上句"渊兮似万物之宗"与下句"湛兮似或存"正相对文。从文义来看，陈先生的这种说法颇有说服力；但帛书《老子》"挫其锐"等四句也出现在"瀟（渊）呵始（似）万物之宗"与"湛呵似或存"之间，所以究竟是不是错简还可以讨论。

③ 转引自《汉语大字典》（缩印本），汉语大字典编辑委员会编，武汉：湖北辞书出版社，1992年，第 700 页。

万物之宗祖。"① 而奚侗则认为："道固'万物之宗'，与'万物之母''众妙之门'同语，不得云'似'。"他进一步指出"似"当作"以"，"以"是"为"的意思，即理解为"渊兮为万物之宗"②。奚侗的意见很值得重视；但其说过于迂曲。熊春锦先生将此句标点为："潇呵！始万物之宗。"将"始"看作及物动词，认为整句可理解为：她清纯的源流，开创了万物的宗根。③ 按，开创宗根，于文义仍有隔碍。笔者认为此句第三个字当依帛书作"始"，但应断句为"潇呵始！万物之宗。"从语法上看，前一句作"道冲而用之或不盈"，此句承前省略了主语"道"；就文义而言，始有开始、起始的意思④，整句意为：（道是）多么深邃清澈的始端啊，是万物的宗祖。这样理解正符合老子对于道一贯的诠释和赞叹。

总之，帛书《老子》中的"潇"和"始"就是正字，不应当分别读为"渊"和"似"。依据帛书《老子》校正通行本《老子》，其字句应为：道冲而用之或不盈。潇呵始！万物之宗。⑤

三、天地相去

通行本《老子》第三十二章作："道常无名。朴虽小⑥，天下莫能臣也。侯王若能守之，万物将自宾。天地相合，以降甘露，民莫之令而自均。始制有名，名亦既有，夫亦将知止，知止可以不殆。譬道之在天下，犹川谷之于江海。"

相应的句子出现在帛书《老子》甲本第159行，帛书整理小组释为："道恒无名⑦，楃唯小，而天下弗敢臣。侯王若能守之，万物将自宾。天地相佮〈合〉，以俞甘洛（露），民莫之［令，而自均焉］"。其中此行第14个

---

① （汉）河上公：《道德经河上公章句》，北京：中国道教协会印。
② 参见《老子·奚侗集解》，方勇导读，方勇标点整理，上海：上海古籍出版社，2007年。汉河上公的观点亦引自此书。
③ 参见《老子·道德经》，熊春锦校注，北京：中央编译出版社，2006年10月，第129页。
④ 《说文解字·女部》："始，女之初也。从女，台声。"《说文解字·刀部》："初，始也。从刀从衣，裁衣之始也。"
⑤ 通行本句中使用语气词"兮"，帛书本句中使用语气词"呵"。老子是楚国人，语气词"兮"应当更符合老子的用语实际，帛书用"呵"恐是汉代抄手受当时口语影响而改，但都是语气词，意义和用法相似，没有必要依据通行本将帛书本中的语气词"呵"改为"兮"。
⑥ 陈鼓应先生在《老子注释及评介》中，断句为："道常无名、朴。虽小，天下莫能臣也。"郭店楚简作：仆唯妻。
⑦ 通行本作"常"，奚侗集解认为："道常"，犹首章言"常道"。依据帛书本可知，通行本中的"常"就是"恒"的意思。

字原帛书字形作：⿱，帛书整理者先依照原形摹写为呇，后参照乙本和通行本读为"合"。

按，从原帛书字形看，此字中间的两笔浓黑，是一撇一捺而不是一横，不能直接隶定为"合"是毫无疑问的，整理者将之摹形为"呇"，是谨慎的，但"呇"不成字。我认为此字当隶定为"去"，《老子》甲本第167行第5个字的"去"作：⿱，我们要讨论的字形（《老子》甲本第159行第14字）上部构件与此字的上部构件相同；《老子》甲本第159行第14字的下部构件为"口"，《老子》甲本第167行第5字的下部构件为"凵"；实际上，甲骨文、金文中的"去"字多数从"口"，例如，佚382的"去"作：⿱，前1·47·7的"去"作：⿱，哀成叔鼎的"去"作：⿱，中山王鼎的"去"作：⿱。① 所以《老子》甲本第159行第14字正是"去"字。②

从文义看，释为"去"比读为"合"文义更加通畅。此句的上文作："杀人众，以悲依（哀）立（莅）之；战胜，以丧礼处之。道恒无名，楃（朴）唯（虽）［小而天下弗敢臣。侯］王若能守之，万物将自宾。"老子这是在讲相反相成的道理，杀人众多，以悲哀的心情来面对；战胜对方，以丧礼的方式来对待。"天地相去，以俞甘洛（露）"，"去"指离开、分离③，"俞"可读为"输"④，意义与"降"相同，整句话是讲：天和地相分离，使甘露得以降落。而且释为"去"，正好和"露"押韵（去属鱼部，露属铎部，鱼铎对转）。若读为"合"，合有合口、闭合、交合等义。⑤ 天地闭合了，又何以能降甘露呢。

这段话陈鼓应先生翻译为："天地间［阴阳之气］相合，就降下甘露，人们不须指使它而自然均匀。"这样理解，从文义上看解释得通；但"天地"在原文中作主语，陈先生将之译为"天地间"，在句中作状语，又增加了"阴阳之气"作主语，是增字为训，显然不够妥当。

总之，帛书《老子》甲本159·14的⿱，应当隶定为"去"，"去"就是

---

① 以上四个"去"字的古文字形均取自《汉语古文字字形表》，徐中舒主编，汉语古文字字形表编写组编，成都：四川人民出版社，第191页。
② 只是字形的上部因断裂而稍稍写讹，但参照《老子》甲本第167行第5个字的⿱（"去"字），可直接认同为"去"。
③ 《说文·去部》："去，人相违也。"段玉裁注："违，离也。"
④ 俞，楚简本作"逾"，也应读为"输"。
⑤ 《说文·亼部》："合，合口也。"

正字，不应读为"合"；相反，通行本《老子》在流传过程中，将"去"错写为形近的"合"，"合"实为"去"的别字，可依据帛书《老子》得到校正。

四、和曰常，知和曰明

通行本《老子》第五十五章的后半段作："终日号而嗌不嗄①，和之至也②。知和曰常，知常曰明。益生曰祥。心使气曰强。物壮则老。谓之不道，不道早已。"帛书《老子》乙本亦作"知和曰常，知常曰明"。这段话出现在《老子》甲本第37行，帛书整理者释为"终日〈日〉号而不发③，和之至也。和曰常，知和〈常〉曰明，益生曰祥，心使气曰强"。此行第20个字原字形作：，帛书整理者将此字隶定为"和"，后面用尖括号注出"常"，即认为此处"和"是别字，正字当为"常"。其后注释："此句通行本作'知和曰常，知常曰明'。"

对于这段话，《老子》的几个版本在字句上有出入，我们这里要讨论的是：帛书甲本的"和曰常，知和曰明"和通行本的"知和曰常，知常曰明"，哪个更合理？

凡是认同通行本的学者，解释"知和曰常"时，常常需要增字为训。比如奚侗在老子集解中认为："'知和'，则得养生之常理矣。"显然，奚侗解释的不是"知和曰常"，而是"知和曰得常"。邱岳在注评《道德经》时将此句翻译为："能够认识柔和淳朴这个道理的，就能合于常道。"④ 将"知和曰常"理解为"知和曰合常"。此句众多学者在理解时都必须增加一个字才解释得通，正说明了原句"知和曰常"是难以讲通的。细细想来，"知和（了解和）"怎么就是常理呢。实际上，"和"指和谐、祥和，平和、淳朴。《礼记·中庸》："喜怒哀乐之未发，谓之中；发而皆中节，谓之和。"《荀子·天论》："万物各得其和以生。"婴儿混沌无知，与天地之和合二为一，"和"所表示的和谐统一是有永恒性的，所以说"和曰常"，即

---

① 《说文》："嗌，咽也。"河上、王弼本均脱"嗌"字。兹从范应元本补。《玉篇》："嗄，声破也。"河上本作"哑"，义同。或本作"嗳"，则"嗄"之误字。《庄子·庚桑楚》篇："老子曰：'儿子终日嗥而嗌不嗄，和之至也；终日握而手不挽，共其德也；终日视而目不瞚，偏不在外也。'"依据《庄子》，《老子》原文当以"嗌不嗄"为是。此注依据奚侗集解。

② 奚侗集解：赤子之啼号，每动于不能自已，而未尝逾量，则和之至也。

③ 发，甲本作发。楚简本作"息"，即"憂"的异体字，简体为"忧"。乙本缺字，通行本作"嗄"。

④ （春秋）李耳著、邱岳注评：《道德经》，北京：金盾出版社，2009年。

"和"是万物运动与变化中不变的规律。

对于后半句，郭店楚简与甲本同，也作"智（知）和曰明"[①]，郭店楚简《老子》是目前所知《老子》最古老的文本，此版本值得我们重视。"和曰常，知和曰明"意为：平和是万物的常理，懂得"和"这一常理称得上清明。这样理解，文义通畅。

楚简本和帛书甲本是比帛书乙本和通行本更古老的本子，更好地保持了《老子》原貌。疑通行本《老子》在流传过程中为了凑足四字一句，而在"和曰常"前误加"知"字，又将后半句"知和曰明"改为"知常曰明"；实际上这段话不是四字排比句，而是散句。加上"知"、改为"常"后，文义反而不通畅。

另，《老子》通行本第十六章有相类似的句子："夫物纭纭，各归其根。归根曰静，静曰复命，复命曰常，知常曰明。"第五十五章的"知和曰明"讹为"知常曰明"也可能是受此处的影响。奚侗集解："知物之'常'者，不眩惑于物。""和"即为"常"，则"知和曰明"即"知常曰明"。第五十五章作"知和曰明"，既与第十六章的"知常曰明"在字句上不相重复，又可相应相成。

总之，利用帛书《老子》甲本纠正通行本《老子》的讹误之后，这段文句应为"终日号而嗌不嗄，和之至也。和曰常，知和曰明。益生曰祥。心使气曰强"。意为：整天号哭，嗓子却不会嘶哑，和就达到了极致。"和"是一种常道，了解"和"这种常道就称得上"明"。这样理解畅通无碍，并使我们对老子的思想有了更深入的认识。

《老子》在世界思想史、文化史、宗教史、哲学史等方面都产生了巨大影响。然而《老子》一书历经辗转，传抄有误；历代以来的注解更是见仁见智，难以统一；建立在正确的字词诠释基础之上的《老子》研究才是科学的、可信的；本文利用新出土的帛书《老子》来校正通行本《老子》在流传过程中出现的错误，所做的探讨将有助于探索老子学说的真正意蕴和深刻内涵。

（原载《汉语史研究集刊》第 16 辑，
四川出版集团、巴蜀书社，2013 年）

---

① 荆门市博物馆：《郭店楚墓竹简》，北京：文物出版社，1998 年。

马王堆帛书药名补释五则

马王堆汉墓出土多种古医书，对其字词的考证和诠释关系到对这批文献的认识和利用。下文对整理小组缺释或误释的五则药名做出补释，以就教于方家。

一、产齐赤

《马王堆汉墓帛书（肆）·五十二病方》第71行："毒乌豙（喙）者：炙□□，饮小童弱（溺）若产齐赤，而以水饮☒"。其后注释为："产齐赤，药名，未详。"[①]

按，"产"指产子；"齐"是"脐"的通假字，齐和脐读音相同（都是脂部从纽平声）；"赤"是红色的意思，这里指红色的血；"产齐赤"是胎儿娩出断脐后，残留在脐带和胎盘中的血液，现代人称之为脐带血。"饮小童弱（溺）若产齐赤"，句意为：喝婴儿尿或者脐带血。

据现代医学研究，脐带血干细胞已经能够治疗80多种疾病，具有很高的医学价值，可以说是婴儿带给世界的第一份大礼。通过这条医方可以看出，中华民族在两千多年前就已经了解到脐带血的医药价值，并运用于临床实践。

二、邑枣

《马王堆汉墓帛书（肆）·养生方》第79行："而以邑枣之脂弁之。"其后注释："邑枣，不详。邑字可能以音近读为杂，下面邑鸟卵同。"

按，帛书整理者将"邑"读为"杂"，杂枣、杂鸟卵所指意义不明。我们认为"邑"指人聚居的地方，"邑枣"指在人聚居的地方生长的枣，即大枣；与酸枣相区别。邑枣经过嫁接改良，枣大而甜；酸枣是野生的，枣小而酸。"邑枣之脂"是指枣膏。用枣膏拌和药，一方面利用枣的医药价值；另一方面利用枣的甜味调和诸药，便于嚼咽。

《养生方》第89行"取邑鸟卵溃"。"邑"作定语修饰"鸟"；"邑鸟卵"

---

① 汉墓帛书整理小组：《马王堆汉墓帛书（肆）》，北京：文物出版社，1985年。

是指在人聚居的地方筑巢的鸟的卵，与山林中的鸟卵相区别。"邑"的这一意义和用法也出现在传世文献中。例如，《西京杂记卷二》："邑人挫服倒屣而去。"《楚辞·怀沙》："邑犬群吠兮，吠所怪也。"《淮南子·泰族训》："故人主有伐国之志，邑犬群嗥，雄鸡夜鸣，库兵动而戎马惊。"这些句子中的"邑"都是指人聚居的地方，可以直接翻译为村子，小城市。

"邑枣"的"邑"表示经人改良栽培的，是由"邑"表小城市义进一步引申而来的意义。"邑"的这种意义和用法不见于两汉时期的传世文献，恐是医书《养生方》的撰写者使用的方言词汇。现代的北方方言胶州话中把大枣称为"家枣"，以与野生的酸枣相区别。"家"正与我们要讨论的"邑"词素义相同。

三、䪢华

《马王堆汉墓帛书（肆）·五十二病方》第71行："一，䪢华，以封隋（脽）及少［腹］☒"。其后注释："䪢华，药名，未详。"

按，整理者释为"䪢"的字，原帛书字形作，此字上从"次"下从"韭"，当隶定为䪢，是齏的省体。《说文·韭部》："齏，坠也。从韭，次、𠂔皆声。䪢，齏或从齐。"䪢是齏省去一个声符"𠂔"而形成的异体字。

"䪢"指用酱拌和所细切的菜或肉；也指细的、碎的；这里"䪢"作动词，指磨碎拌和。《五十二病方》第21行有"荠（䪢）杏核中人（仁）"的句子，其中的"䪢"也是磨碎拌和的意思。"华"指铅华、粉。"䪢华"是个动宾结构，指磨碎拌和铅粉。"䪢华以封隋（脽）及少［腹］"是说磨碎拌和铅粉用之糊臀部和少腹。

四、鹊棠下蒿

《马王堆汉墓帛书（肆）·五十二病方》第191行："先取鹊棠下蒿"。

按，整理小组释为"棠"的字形原作，此字的上部残缺不清，疑整字为"巢"字。《马王堆汉墓帛书（肆）·五十二病方·目录》中的"巢"字作。《马王堆汉墓帛书（壹）·老子乙本及卷前古佚书》第145行的"巢"字作。我们要讨论的字形与这两个字形相似。

从文义来看，"鹊棠"所指不明。"鹊巢"指喜鹊窝，可通，喜鹊常成群营巢于乔木或家屋近旁树上。"鹊巢"一词经常出现在古代文献中，例如《诗经·召南·鹊巢》："维鹊有巢，维鸠居之。"《淮南子·缪称》："鹊巢知风之所起。"蒿为草本植物，常生于乔木之下。"鹊巢下蒿"指喜鹊窝下面的蒿草。疑古人认为鹊巢下的蒿草受喜鹊粪便的养护，具有特殊的医药功效。另，《汉书·五行志中之上》："长安城南有鼠衔黄蒿、柏叶，上民冢柏及榆树上为巢。"田鼠衔蒿草筑巢，反过来说明巢下会生长蒿草，正可印证我们上面的观点。

五、走兽泉英

《马王堆汉墓帛书（肆）·十问》第11行："君必食阴以为当（常），助以柏实盛良，饮走兽泉英"。其后注释："走兽泉英，指牛羊乳。"

按，整理者释为"良"的字，原帛书字形作：⿸，细察此字字形，当为"食"字。此字上面的构件为一撇一捺一横三笔，而不是构件"口"；与《马王堆汉墓帛书（肆）·十问》第10行第24字：⿸（食）的写法相似。

从文义来看，"柏实盛良"于义不通。"柏实盛食"于义也不可通。此句当在"实"字处断句，即"助以柏实，盛食饮走兽泉英"。"盛"是多的意思，在这里作状语。"食""饮"分别和"走兽""泉英"对应，即食走兽，饮泉英。"盛食饮走兽泉英"意指多吃野兽肉、多喝泉水。

原书注释"走兽泉英，指牛羊乳"的说法毫无根据。"走"的本义指跑，"走兽"指奔跑的野兽；而牛羊属于家畜，不能称为走兽。英指精华，事物最精粹的部分；泉英指清冽的泉水。同书第64行有"四曰含亓（其）五味，饮夫泉英"的句子，句中的"泉英"正指清冽的泉水。

另，《马王堆汉墓帛书（肆）·十问》第96行作："食松柏，饮走兽泉英。""饮"字前面的"食"字承前省略或者原句当表述为"食松柏走兽，饮泉英"。

"泉英"一词出现在《管子·地员》中，上下文作："山之上命之曰泉英，其草蘄白昌，其木乃杨，凿之五尺，而至于泉。"此句上文为"山之上命之曰县泉，其地不干，其草如茅与走，其木乃樠。凿之二尺，乃至于泉。山之上命曰复吕，其草鱼肠与葰，其木乃柳。凿之三尺，而至于泉。"《管子·地员》是讲土地高下、水泉深浅的。这里的"泉英"与"县泉""复吕"都是根据泉水的深浅对"山之上"的命名。这充分说明"泉英"与牛羊乳没有关系，而和"泉水"有联系；在马王堆帛书中用来指清冽的泉水。

（原载《昆明学院学报》2011年第2期）

《马王堆汉墓帛书（壹）》零笺

《马王堆汉墓帛书（壹）》①包括《老子》甲本及卷后佚书共464行和《老子》乙本及卷前佚书共252行，这批帛书资料对于研究《老子》及相关典籍具有重要价值，备受学者关注。原帛书字词的释读是一切研究的基础，本文就字形考释提出几点自己的看法，以就教于方家。

1. 《老子》甲本第30行："塞其閟（闷），闭其门。"整理者释为"閟"读为"闷"的字，原帛书字形作：▨（该行第11字）。此句后整理者注释："閟，乙本作垅，通行本作兑。字当训穴，古书或作阅。疑是阅字之误。"

按，整理者隶定为"閟"，与原帛书字形不符；释文于括号内注"闷"，于义于形均不可通；句后注释的说法可依。睡虎地秦简第41行第164字的"阅"作：▨，我们要讨论的老子甲本第30行的"▨"字与此相近而不成字，应是将"阅"写错后的形态，即将"阅"字构件"兑"下面的笔画错写为"心"，整字可摹释为"閟"，是个讹错字，正字当为"阅"。段玉裁《说文解字注·门部》："阅，古叚阅为穴。"②《诗经·曹风·蜉蝣》："蜉蝣掘阅，麻衣如雪。"将《老子》甲本第30行第11字读为"阅"，文义畅通。该句应释为"塞其閟〈阅〉，闭其门。"意为：对待人民要封箴其口耳，闭塞其外路。

2. 《老子》甲本第124行："汮（没）身不怠。"整理者释为"怠"的字，原帛书字形作：▨（该行第4字）。

按，此字上部的构件写讹。若不依据文义，无法断定是"怠"字，所以应看作讹错字。释文应先依形摹写为"㤀"，再用尖括号注出正字"怠"；从文义看，此句的上文作"知常容，容乃公，公乃王，王乃天，天乃道，［道乃久］"，该句"汮（没）身不怠"，"怠"指懒惰、懈怠，于文义不顺畅；我们认为此处"怠"应读为"殆"，两字古音相同（均为定纽之部），可以通借，"殆"指危险、殆危。即该句释文应为："汮（没）身不㤀〈怠

---

① 国家文物局古文献研究室：《马王堆汉墓帛书（壹）》，北京：文物出版社，1980年。
② （清）段玉裁：《说文解字注》，杭州：浙江古籍出版社，1998年。

（殆）〉。"意为：终生不会危殆。正与上文"道乃久"意义贯通。

3.《老子》甲本第126行："邦家闷（昏）乱，案有贞臣。"整理者释为"闷"读为"昏"的字，原帛书字形作：⿰（该行第13字）。

按，与"昏"构成通假关系的字从"月"。《老子》甲本第131行："鬻（俗）[人昭昭，我独若]閒（昏）呵。"其中的"閒"字原帛书字形作：⿰，即从"月"，读为"昏"；以"月"为义符，取义于月亮被遮盖起来了所以昏暗，"閒"表示昏暗义，可以看作"昏"的异体字。字若从"心"，当读为"闷"，《老子》甲本第131行："鬻（俗）人蔡（察）蔡（察），我独闷（闷）闷（闷）呵"，其中第9字整理者原释为"闷"，读为"闷"，其原帛书字形作：⿰。今本《老子》第二十章作"闷闷"。"闷"当是"闷"的异体字，"闷"从心、门声，"闷"从心、问声，而"问"又从"门"得声。我们要讨论的《老子》甲本第126行第13字从"心""问"声，当为"闷"字。"昏"是晓纽文部，"闷"是明纽文部，两者韵同，声纽一个喉音一个唇音相隔殊远，"閒（昏）"和"闷（闷）"读音不相近，不是通假关系，而是正讹关系。总之，《老子》甲本第126行第13字从字形看当释为"闷（闷）"；从文义看，正字当为"閒（昏）"，即帛书抄写者将构件"月"错写成"心"，当看作讹别字。该句释文应为："邦家闷〈閒（昏）〉乱，案有贞臣。"意为：国家混乱的时候，才显得出谁是忠臣。

4.《老子》甲本第187行："王言，圣也"，整理者释为"王"的字原帛书字形作：⿰（该行第20字）。按，整理者释为"王言"而没有解说，实际上此处的"王言"应该读为"玉音"。《尚书大传》："千七百七十三诸侯皆莫不磬折玉音金声玉色。"《老子》甲本第219行"玉音则[圣]"的"玉"作：⿰（该行倒数第2字），不误。

另，《马王堆汉墓帛书（肆）·天下至道谈》① 第19行："审操玉闭"，整理者释为"玉"的字原简牍字形作：⿰（该行第7字）。《马王堆汉墓帛书（肆）·天下至道谈》第21行："䠢（踵）以玉泉"，整理者释为"玉"的字原简牍字形作：⿰（该行第11字）。《马王堆汉墓帛书（肆）·天下至道谈》第22行："䠢（踵）以玉闭"，整理者释为"玉"的字原简牍字形作：⿰（该行第11字）。按，整理者将此三字直接释为"玉"；实际上，原

---

① 马王堆汉墓帛书整理小组：《马王堆汉墓帛书（肆）》，北京：文物出版社，1985年。

简书写者也都将"玉"错写成"王"。"玉"字三横画之间的距离相当,例如《马王堆汉墓帛书(壹)》中《老子》甲本第187行"金声而玉振之"的"玉"作:王(该行第9字)。我们要讨论的《天下至道谈》中的三个字形下两横的距离明显大于上两横,应当是"王"字,释文应先隶定为"王",后用尖括号注出"玉"。

5.《老子》甲本第217行:"犹孔子之闲轻者之鼓而得夏之卢也。"整理者释为"鼓"的字,原帛书字形作:鼓(该行第30字)。此句后整理者注释:"其事未详。疑轻读为磬,庐读为虡。虡是悬磬的架子。《礼记·明堂位》:'夏后氏之龙簨、虡',郑玄注:'簨、虡,所以悬钟、磬也。'"

按,就字形而言,原字不似"鼓"字;就文义而言,释为"鼓",文义难通。我们认为此字当是"毃"字;"毃"的小篆字形作:毃(说文·殳部),不难发现,两者形体相近,而我们要讨论的字形左边构件的中间部分稍稍写讹,致使整字难以识别。"毃"是敲的意思,《说文·殳部》:"毃,相击中也。"① 另外,"闲"是"闻"字之误,因形体相近而写讹。卢,唐代慧琳《甄正论上音义·考声一》:"卢,寄也。"整句释文应为:"犹孔子之闲〈闻〉轻(磬)者之毃而得夏之卢也。"意为:就像孔子听到敲打磬奏出的美妙乐声就领会了夏寄托在其中的情思。

6.《老子》甲本第306行:"能谁(进)之为君子,弗能进,各止于其里。"整理者释为"谁"的字,原帛书字形作:隹(该行第10字)。

按,《老子》甲本第306行第17字的"进"作:進,《老子》甲本第308行"弗能进也"的"进"作:進(该行第7字),《老子》甲本第336行第20字的"进"作:進,其中第336行的"进"字最为清晰和标准,其字左下的构件"辶"由五笔构成,即撇、撇、撇折、点、撇捺;其他两字均有不同程度的草写和省简。将我们要讨论的《老子》甲本第306行第10字与这三个"进"字相比较,很容易发现它们字形上的联系,第306行第10字因书写迅速而使左边的构件稍稍写讹,即原相接的第二笔和第三笔相离为两横画,第五笔误断为一撇一捺的两笔,第四笔与第五笔的上半部分粘连致使整理者误释为构件"口"而实不为"口",以上字形特征都因书写草率而致;若将之释为"谁"就笔画构件而言,并不契合。总之,我们认

---

① (汉)许慎著,(宋)徐铉校定:《说文解字(附检字)》,北京:中华书局,1963年。

为此字属于草写，当直接认同为"进"字；释文应为："能进之为君子，弗能进，各止于其里。"意为：能够进显，可以称为君子；不能进显，就各自隐居于乡里。

7. 《老子》甲本第338行："辟（譬）此之而知吾所以不如舜。"整理者释为"此"的字，原帛书字形作：比（该行第12字）。

按，从字形看，该字当是"比"字；"比"指譬喻、比拟，释为"比"文从义顺。《老子》甲本第338行应释为："辟（譬）比之而知吾所以不如舜"，意为：比较一下就知道我为什么不如舜。此字原帛书明显是"比"字，释文作"此"，恐是排版错误。

8. 《老子》乙本第60行："所伐当罪，其祸五之；所伐不当，其祸什之"，第一个"祸"字原帛书字形作：祸（该行下半第13字），其后注释："《说苑·谈丛》：'所伐而当，其福五之。所伐不当，其祸什之。'疑本文'其祸五之'之祸，为福字之误。"

按，这段话出自《老子乙本卷前古佚书·亡论》，该篇第一句就说"凡犯禁绝理，天诛必至"，整篇都在阐述什么样的行为会导致身死国亡，其中提到"大杀服民，僇（戮）降人，刑无罪，过（祸）皆反自及也。所伐当罪，其祸五之。所伐不当，其祸什之。"意思是说，杀害已经顺服的百姓，杀戮已经投降的敌人，处罚没有罪过的人，祸患都会反过来降到自己身上。如果所讨伐的人本来有罪，反过来降到自己身上的祸患是五倍；如果所讨伐的人本来无罪，反过来降到自己身上的祸患是十倍。这与前文"兴兵失理，所伐不当，天降二央（殃）"正相照应。整理者在注释中提到的《说苑·谈丛》里面的句子是在讲"道"，其上下文作："万物得其本者生，百事得其道者成；道之所在，天下归之；德之所在，天下贵之；仁之所在，天下爱之；义之所在，天下畏之。屋漏者民去之，水浅者鱼逃之，树高者鸟宿之，德厚者士趋之，有礼者民畏之，忠信者士死之。衣虽弊，行必修；头虽乱，言必治。时在应之，为在因之；所伐而当其福五之；所伐不当其祸十之。"从正反两面说明道理。而《亡论》整篇都在谈"祸"，未曾提及"福"。所以注释中说的"其祸五之"的"祸"是"福"的误字的说法不正确，原文的正字就应当是"祸"。

9. 《老子》乙本第88行："夺其戎兵"，整理者释为"夺"的字，原帛书字形作：（该行第11字）。

按，从字形看，该字最下面的构件为"田"，不为"寸"，整字当为

"奋"字，不为"夺"字。"夺"字繁体作：奪，"奋"字繁体作：奮，两者字形相近而致误释。从文义看，前文作："黄帝于是出其釜钺"，接着说"奋其戎兵"，"奋"是兴、起的意思；整句意为：黄帝因此搬出釜钺，拿起兵器。这样释读，文义顺畅。表面上看，释为"夺"文义可通，整理者正是受文义影响而没有仔细分析字形，故将"奋"误释为形近的"夺"；实际上，若依"夺"字理解，句中代词"其"所指不明，即"夺其戎兵"究竟夺了谁的兵器？令人费解。同样的句子出现在第104行，整理者释为"奋"，不误。

10.《老子》乙本第120行下："上捡之天，下施之四海。"整理者释为"捡"的字，原帛书字形作：珎（该行第6字）。其后注释："捡，疑读为缵，继也。"

按，从字形看，此字右边的构件为"金"，不为"全"；金的古文字形作：（矢令彝）、（鄂君舟节）、（说文·金部）、（睡虎地简23·7）；全的古文字形作：（说文古文）、（说文·人部）、（说文或体）、（春秋事语83）、（定县竹简87）；"金"与"全"小篆以后在字形上的主要区别是："金"字上从"今"声，而我们要讨论的《老子》乙本第120行第6字右边构件的上部明显是"今"，整字当为"捡"。《说文·手部》："捡，急持衣袵也。从手，金声。""捡"后来写作"擒"，它表示急持、捉拿的意义正合文义。第120行下应释为："上捡之天，下施之四海。"即上持之天，下施之四海。意为：向上适用于上天，向下通行于天下。

上文对《马王堆汉墓帛书（壹）》的文字释读提出十点自己的看法，以期更科学地读通原文，进而更好地利用这批帛书资料。

（原载《求实》2013年增刊）

《马王堆汉墓帛书（叁）》释文补正四则

《马王堆汉墓帛书（叁）》包括两种古佚书：《春秋事语》和《战国纵横家书》。[①]《春秋事语》前部残缺较重，后部较完整，书法由篆变隶，推测是汉初或更早的时候抄写的。《战国纵横家书》首尾基本完整，书法在篆隶之间，推测是公元前195年前后的写本。《春秋事语》十六章中，第二章是关于燕国和晋国的战争，未见记载；其他的历史事件都可以查明年代，其中一部分和《春秋》三传、《国语》等古书相近。《战国纵横家书》分二十七章，其中十一章见于司马迁的《史记》和刘向的《战国策》，此外十六章不见于现存的传世古书。这批帛书资料对于研究春秋战国时期的历史具有重要价值，备受学者重视。原帛书字词的释读是一切研究的基础，本文就字形考释提出四点自己的看法，以就教于方家。

1.《春秋事语》第85行："刑不㳺，使守布周（舟），游（留）其祸也。"整理者释为"㳺"的字，原帛书字形作：▉（该行倒数第7字），其后注释："㳺，疑与燊（桑）字同，读如慎，《说文》慎古文作㥥。刑不慎是用刑不当。"

按，整理者将此字摹释为："㳺"，与原帛书字形不符。此字上面的构件是"火"；除去构件"火"，剩下的部份作：▉，仔细观察这个构件会发现，其上面的部分不是"火"，下面的部分也不是"口"，而与《说文解字》所收的小篆"𠫓（去）"结构相同，当为"去"；我们要讨论的《春秋事语》第85行倒数第7字▉应该是个从"火"从"去"的合体字，可采用摹形的方式隶定为："烖"。"烖"不成字；我认为这是因为"水"和"火"意义相关、形体相近而将"水"错写成"火"；也就是说我们要讨论的"▉"是个错字，正字应该从"水"从"去"，即为"法"字。"法"字最早见于金文，金文的"法"字从"水"、从"去"、从"廌"，例如《盂鼎》的"法"作：▉，《克鼎》的"法"作：▉；古文字"法"也有省去"廌"的写法，例如《说文解字·廌部》所收的"法"字的或体作：▉，马

---

① 马王堆汉墓帛书整理小组：《马王堆汉墓帛书（叁）》，北京：文物出版社，1983年。

王堆汉墓帛书《老子》甲本第142行的"法"：🗙。

从文义看，"刑不慎"虽然讲得通，但释为"㖏"，再辗转读为"慎"，其说过于迂曲。若摹释为"㳒"，读为"法"，"法"指符合法度、合法的；"刑不法"指治罪不合法度；这样理解文义通畅。"法"指"合法度"义的用例古书常见，例如《左传·庄公二十三年》："君举必书，书而不法，后嗣何观？"再如《汉书·何并传》："告子恢，吾生素餐日久，死虽当得法赙，勿受。"现代汉语的"非法"一词，亦用此义。

2.《战国纵横家书》第214行："大（太）上破秦。"其中第26字，帛书整理者原释为"破"，其原帛书字形作：🗙。

按，就字形而言，此字左边构件残缺不全，其右边构件显然不是"皮"，而是"𠬝"，我认为整字当为"服"。试将此字与"破"和"服"的字形做比较，《战国纵横家书》第215行第3字的"破"作：🗙，《战国纵横家书》第219行第16字的"服"作：🗙，显然我们要讨论的"🗙"是"服"字。另外，睡虎地简10·11的"服"字作：🗙，马王堆汉墓帛书《老子》甲本32的"服"字作：🗙，居延简甲19A的"服"字作：🗙，可相比照。

就文义而言，"破秦"意指攻破秦国，固然可通。若释为"服"，"服"指服从、顺从，在这里用为使动，指使屈服、使顺从。"大（太）上服秦"意为：最好的（情况）是使秦国屈服。同样的用例出现在传世本《战国策》中，《战国策·秦策五》："胜而不骄，故能服世。"高诱注："王者德大不骄逸，故能服邻国。服，慊也。"鲍本作"使邻国服从"。

3.《战国纵横家书》第321行："頯然进其左耳而后其右耳。"该行第8个字整理者摹释为"頯"，而没有解说，其原帛书字形作：🗙。《战国纵横家书》第325行："夫頯然见于左耳。"该行第12个字整理者也摹释为："頯"而没有解说，其原帛书字形作：🗙。

按，第321行第8个字和第325行第12个字显然是同一个字，整理者都摹形隶定为"頯"。然而"頯"不成字，释为"頯"而没有解说，实际上未释出该字。此字右边的构件明显是"页"，左边的构件模糊难辨，其左上的"产"依稀可辨；将这两个字形与马王堆汉墓帛书《老子》甲后315的"🗙（颜）"和睡虎地简36·74的"🗙（颜）"做比较，可以看出，四者当为同一个字，也就是说我们要讨论的"🗙"和"🗙"当为"颜"字。

就文义而言，"颜"指显著，第321行"颜然进其左耳而后其右耳"意为：明显地将左耳侧向前（倾听）而将右耳侧向后（指人侧着头，这是人在一边倾听一边思考时的动作）。第325行"夫颜然见于左耳"意为：显著地显露左耳（指将左耳侧伸向前）。这两句话均出自《战国纵横家书·麛皮对邯郸君章》，该章主要内容是麛皮奉邯郸君之命到楚国请救兵，楚工（江）君奚洫很快答应了，麛皮回复邯郸君说楚国靠不住，劝邯郸君和魏国讲和，邯郸君问为什么，麛皮说：楚国虽然答应得很痛快，但没有明确答复出兵的日期，而且交谈中楚工（江）君奚洫明显地将左耳侧前右耳侧后，心里一定是在盘算：先佯装答应出兵救助但不发兵，等邯郸和魏国在相持不下中疲敝了，自己渔翁得利。邯郸君没有听信麛皮的分析，误信楚国，结果三年后楚人出兵，征服魏、赵两国。麛皮正是抓住了楚工（江）君奚洫"颜然进其左耳而后其右耳"的动作，看透了他的内心，因为侧着头一方面表示该人在思索对自己有利的方案，另一方面表明此人内心不诚，不敢正视对方。可见，将此字释为"颜"，文义畅通。"颜"表"显著"义，在传世典籍中亦见用例，比如《太玄·积》："魁而颜而，玉帛班而，决欲招寇。"司马光集注："颜者，言其显著也。"

4.《战国纵横家书》第324行："三年，邯郸僕。"该行第9个字整理者释为"僕"，其原帛书字形作：，整理者在此句后注释："邯郸下一字，未详。意思是：邯郸拔。"

按，就字形而言，此字左边明显为构件"亻"，右下为"又"，整字与睡虎地简14·74的"（僕，简化字作仆）"形体相近，当为"僕（简化字作仆）"字。与《几父壶》的"（僕，简化字作仆）"和《说文解字》所收"僕"字古文""相比，我们要讨论的""字形体略有简化且右上部稍稍写讹，但可以直接隶定为"僕（简化字作仆）"。

就文义而言，《说文解字》："仆，给事者。从人、从菐，菐亦声。""仆"的本义是指侍从、供役使的人，《广韵·屋韵》："仆，侍从人也。"《尚书·冏命》："其侍御仆从罔匪正人。"引申为服从、依附等义。《诗经·大雅·既醉》："君子万年，景命有仆。"《战国纵横家书》第324行的"邯郸仆"意为：邯郸做了楚国的奴仆，也就是服从、归顺了楚国。这样释读，文从义顺。

我们就《马王堆汉墓帛书（叁）》的释文提出四点自己的看法，以期更科学地疏通文义，进而更好地利用这批帛书资料。

（原载《西南学刊》第4辑，云南人民出版社，2013年）

《马王堆汉墓帛书（肆）》补释

《马王堆汉墓帛书（肆）》收录马王堆帛书中的古医书，整理小组根据各书内容分别定名为：《足臂十一脉灸经》《阴阳十一脉灸经》甲本、《脉法》《阴阳脉死候》《五十二病方》（以上五种合为一卷帛书），书法秀丽，字体近篆，推测抄写年代在秦汉之际；《却谷食气》《阴阳十一脉灸经》乙本、《导引图》（以上三种合为一卷帛书），推测为汉初写本；《养生方》《杂疗方》《胎产书》（以上三种各为一卷帛书）。此外还收录了马王堆三号汉墓所出竹木简中的四种医书：《十问》《合阴阳》《杂禁方》《天下至道谈》。这批帛书及竹木简资料对于研究汉代及汉代以前医学的发展具有重要价值，备受学者关注。原帛书及竹木简字词的释读是一切研究的基础，本文就字形考释提出十五条自己的看法，以就教于方家。

1. 《足臂十一脉灸经》第1行："出外踝窶（娄）中，上贯腨（腨）；出于胎（郄），枝之下脾；其直者贯□，夹（挟）脊。"① 整理者释为"胎"的字，原帛书字形作：▨（该行第16字）。该句后整理者注释："胎，即郄，后世常写作郄。"

按，就字形而言，此字右边的构件为"卩"，左边的构件为"㐺"，原字形本应该为"卻"，隶定为"胎"是毫无根据的。据《汉语大字典》"卻"同"郄"，是古"脚（繁体字作：脚）"字②。从文义看，正字当为"郤（膝）"。"郤"的古文字形作：▨（说文·卩部）③、▨（睡虎地简49·81）、▨（《足臂十一脉灸经》第7行）、▨（导引图），原帛书抄写者将"郤"字的右边构件"㚔"错写为形近的"㐺"，遂将"郤"字错写成形近的"卻"字。

另，该行第20字，整理者摹释为"脾"，其原帛书字形作：▨，该句后整理者注释："下脾，人体部位名，未详。"按，"脾"字未见于传世字

---

① 马王堆汉墓帛书整理小组：《马王堆汉墓帛书（肆）》，北京：文物出版社，1985年。
② 汉语大字典编辑委员会：《汉语大字典（缩印本）》，湖北辞书出版社、四川辞书出版社，1992年。
③ （清）段玉裁：《说文解字注》，杭州：浙江古籍出版社，1998年。

书，是整理者按照原帛书字形摹写下来的结果，实不成字。细察原字形，此字左边的构件为"月（'肉'字隶变后混同为'月'）"是毫无疑问的；右边的构件却不为"复"，其最右边的竖笔不是原字固有的笔画，而是帛书经水浸泡从前面的帛上渗过来的笔迹，即右边的构件当为"复"，整字即"腹"字，"下腹"即小腹，《足臂十一脉灸经》第10行作"少腹"。

《足臂十一脉灸经》第1行的该段话应释为："出外踝娄（娄）中，上贯腨（腨），出于卻〈卻（膝）〉，枝之下腹；其直者贯□，夹（挟）脊。"意为：（此脉）从外踝娄中出，向上贯穿小腿肚子，（至膝），从膝出，一条分脉到小腹，其主脉贯穿□，挟着脊骨。

2.《足臂十一脉灸经》第3行："胎（卻）挛。"整理者释为"胎"的字，原帛书字形作：（该行第9字）。

按，就字形而言，整理者原释为"胎"，不妥。该字左边的构件是表骨肉之意的"肉（隶变后作：月）"，右边的构件为"厷"，整字当隶定为"肱"。"肉"和"卩"作为义符，构意相近，"肱"是"卻"的异体字；据《汉语大字典》"卻"同"卻"，是古"脚（繁体字作：腳）"字。从文义看，"胎"指腋下，"胎挛"指腋下痉挛，不合事理。"肱（卻）挛"意为：脚抽筋，文义可通。"卻"是古字，现代已经不再使用，"肱"可直接读为"脚"，该句释文当为："肱（脚）挛。"

3.《足臂十一脉灸经》第12行："其病：病足中指废，腨痛，膝中穜（肿），腹穜（肿），乳内兼（廉）痛，□外穜（肿），颊痛，虺（頄）㶼（肒），数热汗出，脞瘦，颜寒。"整理者释为"脞"的字，原帛书字形作：。该句后整理者注释："脞，应系胜字之误。……均与股上接腰的部位相合。"

按，将此字隶定为"脞"是正确的；但注释不当，"脞"不是"胜"的别字。"脞"指小、细碎；"脞瘦"指又小又瘦；正合文义。《足臂十一脉灸经》第20行："其病：病脞瘦，多弱（溺），耆（嗜）饮，足柎（跗）穜（肿），疾畀（痹）。"其"脞"字原帛书字形作：（该行第4字），与第12行的"脞"字形相同。此两处都是讲病症的，"脞瘦"都指瘦小。

另，《足臂十一脉灸经》第19行："足帣（厥）阴温（脉）：循大指间，以上出胻内兼（廉），上八寸，交泰（太）阴温（脉），□股内，上入脞间。"整理者释为"脞"的字，原帛书字形作：（该行第27字）。按，整理者释为"脞"而没有解说。从字形看，此字与上两字字形相同，也应隶定为"脭";就文义而言,此处的"脭"应读为"䐡";"䐡"指股上接腰的部位,契合文义。"脭"是"䐡"的讹别字;按照此书凡例,释文应作:"上入脭〈䐡〉间。"

4.《五十二病方》目录第 4 栏第 3 列第 1 字作:▨,整理者释为:"䰣〈魃〉"。

按,《说文·鬼部》:"魃,鬼服也。一曰小儿鬼。从鬼,支声。"帛书原字从"攴"作"䰣",是个不成字的错字。因"攴"与"支"形近而写讹。《汉语大字典》在"魃"的字头下收录了帛书中的这个字形,是不准确的;错误的字形不能列入汉字的演进序列。

5.《五十二病方》第 73 行:"𡗒(舂)木臼中。"整理者摹释为"𡗒"的字,原帛书字形作:▨(该行第 10 字)。

按,将该字上面的构件隶定为"春"不当,当隶定为"舂",下面的构件"正"是追加的声符。"春"和"舂"隶变后最上面的部分相同(都为"𡗗"),其实有不同的来源:"春"的小篆字形作:▨,其"𡗗"是由"艸"和"屯"结合演变而来;"舂"的小篆字形作:▨,其"𡗗"是由"午"和"廾"结合演变而来。我们要讨论的字形"▨"最上面的部分明显是"午"和"廾",实为"舂"字所从;该字的中间部分不十分清晰,采用笔程追溯法分析,其中间是一撇一捺一撇一捺,而非两横,结合该行第 12 字"臼"的帛书字形"▨"可以判断我们要讨论的第 10 字中间的构件正是"臼","臼"与"日"字形相近,写得小而紧促时很容易相混。总之,《五十二病方》第 73 行第 10 字应隶定为"𡗒",可以看作"舂"的异体字。

另,《五十二病方》第 411 行:"寿(捣)之以𡗒(舂)。"整理者摹释为"𡗒"的字,原帛书字形作:▨(该行第 16 字)。按,此字省去中间的构件"臼",即从"舂"省,从"正";也可以看作"舂"的异体字。

6.《五十二病方》第 380 行:"以履下靡(磨)抵之。"整理者释为"抵"的字,原帛书字形作:▨(该行第 31 字)。其后注释:"抵,疑为抵字之误。抵,《说文》:'侧击也。'"

按,从字形看,当隶定为"抵"。从文义讲,《说文·手部》:"抵,挤也。"《广雅·释诂三》:"抵,推也。"因此,"以履下靡(磨)抵之"指用鞋底摩擦挤压,文义可通,不必读为"抵"。抵,《说文》:"侧击也。从手,氐声。"段玉裁注:"'抵'字今多讹作'抵',其音、义皆殊。"《集韵·纸韵》:"抵,《说文》:'侧击也。'或作抵。"则认为"抵"和"抵"

形近通用。用鞋底侧击，不甚合事理，"抵"的侧击义实不如"抵"的挤压义顺合文义，注释的说法不准确。

7.《阴阳十一脉灸经》乙本第4行："揗〈循〉骭骨而上。"整理者释为"揗"读为"循"的字，原帛书字形作：⬚（该行第36字）。

按，就字形而言，整理者隶定为"揗"是正确的；此字与《马壹·老乙》前155下·1的"⬚（揗）"字形相同。就字义而言，《说文·彳部》："循，行顺也。从彳，盾声。"桂馥义证："行顺也者，当为顺行。"《字汇·彳部》："循，顺也。沿也。"循的顺着、沿着义固然契合文义。而揗的本义是抚摩，《说文·手部》："揗，摩也。从手，盾声。"引申为顺着、沿着等意义，《广雅·释诂一》："揗，顺也。"《马王堆汉墓帛书·经法·称》："虎狼为孟（猛）可揗，昆弟相居，不能相顺。"正用此意。所以我们要讨论的《阴阳十一脉灸经》乙本第4行第36字可直接释为"揗"，不必读为"循"，更不能认为"揗"是"循"的讹别字。

8.《十问》第17号简："侦用玉闭"。整理者释为"侦"的字，原简牍字形作：⬚（该号简第23字）。

按，就字形而言，此字左边的构件为"忄"，右边的构件为"真"，整字明显是"慎"字；睡虎地简20·196的"慎"作：⬚，《老子》甲58的"慎"作：⬚，《老子》乙10下的"慎"作：⬚，我们要讨论的《十问》第17号简的"⬚"与上三字字形相同，显然是同一个字；原整理者释为"侦"是毫无根据的。从词义文义看，"慎"指谨慎、慎重，《说文·心部》："慎，谨也。"《易·坤》："慎不害也。"孔颖达疏："曰其谨慎，不与物竞，故不被害也。"第17号简"慎用玉闭"意为：谨慎地使用玉闭。这样释读，文义顺畅。

9.《十问》第46号简："使其题颏坚强而缓事之"。整理者释为"颏"的字，原简牍字形作：⬚（该号简第14字）。该句后整理者注释："颏，疑即䫉字，读为崒，《广雅·释诂四》'高也。'题颏应为一词。"

按，从字形看，整理者依形摹释为"颏"，是正确的；但字书无"颏"字。就文义而言，整理者将之读为"崒"，"崒"指高，但"题颏（崒）坚强"难以讲通。我们认为此字是个错字，正字当为"领"。因"领"的构件"令"与"衣"形体相近，致使写讹。《说文·页部》："领，项也。从页，令声。"《诗经·卫风·硕人》："领如蝤蛴，齿如瓠犀。"毛传："领，颈也。""题领坚强"使用并提的修辞方式，即"题"和"领"分别用"坚"和"强"形容，普通的语序应为"题坚、领强"；意为：额头坚硬、脖子笔直。若依照注释的理解，用"崒"（意为高）形容"题（指额头）"固然是可以的，但"坚、强"两词就没有着落了，若以为连用三个形容词"颀（崒）、坚、强"来修饰一个名词"题"，则不符合古人的用语习惯。总之，该句当释为："使其题颀〈领〉坚强而缓事之"。

10.《十问》第46号简："必鹽之而勿予"。整理者释为"鹽"的字，原简牍字形作：☒（该简第22字）。该句后整理者注释："鹽，《左传》僖公二十八年注：'啑也。'意为啑食。"

按，释为表示啑食义的"鹽"于文义难通。仔细观察，原简字形当为"监（繁体作：監）"，此字与帛书《老子》乙225上的"☒（监）"字形相近。"监"的监视、监临义正合文义。该句当释为："必监之而勿予"。意为：一定监视它而不给予它。

11.《十问》第63号简："翕气以充膃"。整理者释为"膃"的字，原简字形作：☒（该号简第22字），该句后整理者注释："膃，读为脑。《春秋元命苞》：'人精在脑'。"

按，考释和注释的说法正确。"膃"同"瘤"，《集韵·尤韵》："瘤，《说文》：'肿也。'或从肉。""膃（瘤）"字于义难通；正字当为"脑"，因形体相近而将"脑"写为别字"膃"。该句释文当为："翕气以充膃〈脑〉"。

另，《十问》第69号简："于膃也施，于味也移，道（导）之以志，动之以事"。整理者释为"膃"的字，原简字形作：☒（该号简第15字）。按，整理者将此字释为"膃"而未加说明。从文义看，也当读为"脑"。此句的下文作："非味也，无以充亓（其）中而长其节；非志也，无以智（知）其中虚兴〈与〉实；非事也，无以动亓（其）四支（肢）而移去其疾。"这三个分句分别与前面的"味""志""事"相对应，显然"非味也"前面省掉了与"脑"相对应的句子。总之，此处的"膃"也是"脑"的讹别字；这段话当释为："于膃〈脑〉也施，于味也移，道（导）之以志，动之以事"。

12.《十问》第94号简："寡人闻客食阴以为动强，翕气以为精明"。整理者释为"翕"的字，原简牍字形作：☒（该号简第21字）。

按，整理者直接释为"翕"。从文义看，当用"翕"字。从字形观察，此字上部所从为"公"，与《十问》第96号简第2字的"☒（松）"右部所从基本相同，整字当为"翁"字；同篇其他"翕"字不作此形，例如《十问》第95号简"必朝日月而翕其精光"的"翕"作：☒（第22字）；《十问》

第 98 号简"龛其神雾"的"龛"作：龛（第 19 字）。我们要讨论的《十问》第 94 号简第 21 字将"龛"错写成形近的"翁"。该句释文应为："翁〈龛〉气以为精明"。

13.《十问》第 98 号简："心毋秋（怵）馳（荡）"。整理者摹释为"馳"、读为"荡"的字，原简牍字形作：（该号简第 10 字）。

按，"心毋怵荡"于义难通。原字"" 明显从"昜"，不从"易"，当隶定为"愓"，读为"惕"。怵，《说文·心部》："恐也。"《字汇·心部》："怵，惕也。"《玉篇·心部》："惕，惧也。""怵惕"在这里连用，是恐惧、害怕的意思。"心毋怵惕"义为心里不要害怕。整理者隶定为"馳"，不符合原字字形；读为"荡"，不符合原文文义。我们要讨论的《十问》第 98 号简第 10 字将"惕"的构件"忄"错写成形近的"九"，遂不成字，正字当为"惕"。该句应释为："心毋秋（怵）馳〈惕〉"。意为：内心不要恐惧。

14.《合阴阳》第 127 号简："昏者，男之精将；早者，女之精责（积）"。整理者释为"早"的字，原简牍字形作：（该号简第 7 字）。

按，从字形看，此字当为"旦"；"旦"的古文字形作：（粹 700）、（颂簋）、（侯马盟书）、（说文·旦部）、（睡虎地简 12·49）、（西陲简 56·14）；"早"的古文字形作：（说文·日部）、（睡虎地简 10·2）、（堂溪典嵩山石阙铭）；与"旦"的古文字形相比，我们要讨论的""在"日"和"一"之间加一羡符"丨"，此形正与西陲简中的""字写法相同。就词义文义而言，《说文·旦部》："旦，明也。"《玉篇·旦部》："旦，早也，朝也，晓也。"这里"昏"与"旦"相对成文。"昏"有一异体字作：旮，《字汇补·日部》："旮，古昏字。《代醉编》：'日出一上为旦，日入一下为昏，一，地也。'"可为辅证。

15.《天下至道谈》第 64 号简："龥（啮）者，身振寒。"整理者释为"寒"的字，原简字形作：（该简第 15 字）。其后注释："振寒，应为振动之误。"

按，整理者释为"寒"，与原字形相符；"寒"指感到冷，《左传·宣公十二年》："师人多寒。"《论衡·寒温》："人中于寒，饮药行解。""振寒"指寒战，是因寒冷而发抖的意思，比"振动"更契合语意，注释的说法可商。

（原载《贵州师范大学学报》2013 年第 3 期）

古方言语气词考四则

古方言语气词是古代汉语中具有某地地方特色的语气词，这些语气词不见或少见于传世典籍，常常不为字典辞书所收录；新出土的简帛和现代各地方言等为我们提供了这方面的一些资料。厘清这些语气词，有助于我们更好地认识古方言；调查这些语气词的发展源流，有助于我们更好地了解现代方言。

一、呵

"呵"作为语气词，不见于传世的先秦两汉典籍，《古代汉语虚词词典》未收；长沙马王堆三号汉墓出土的帛书《老子》[1]使用该词。

"呵"在帛书《老子》甲本中出现30多次，在帛书《老子》乙本中也出现30多次；但未见于马王堆三号汉墓出土的其他帛书。"呵"在帛书《老子》中常出现在表达强烈思想感情和具有浓郁抒情性的语句中，主要有两种用法：

第一，"呵"用在句中，表示语气的停顿和延续，在语句的情感抒发、结构和谐上起重要作用。例如：

(1) 绵绵呵若存，用之不堇（勤）。[2]
(2) 寻寻呵不可名也，复归于无物。
(3) 与呵其若冬[涉水，犹呵其若]畏四[邻，严]呵其若客，涣呵其若凌泽（释），□呵其若□（朴）。
(4) 累呵如[无所归]。
(5) 忽呵其若[海]，望（恍）呵其若无所止。
(6) 绣（寂）呵缪（寥）呵，独立[而不改]，可以为天地母。[（1）

---

[1] 1973年12月，长沙马王堆三号汉墓出土了大批帛书，这次发现的帛书中，《老子》有两种写本，为了便于称引，学术界把字体较古的一种称为甲本，另一种称为乙本。参国家文物局古文献研究室：《马王堆汉墓帛书（壹）》，北京：文物出版社，1980年。

[2] 用圆括号注明正字。用方括号注明原帛书缺失而学者依据通行本《老子》补出的字。下同。

至(6)取自帛书《老子》甲本)

(7) 猷(犹)呵其贵言也。

(8) 唯与呵,其相去几何?

(9) 望(荒)呵其未央才(哉)!

(10) 道,汎(泛)呵其可左右也,成功遂事而弗名有也。

(11) 淡呵其无味也。[(7)至(11)取自帛书《老子》乙本]

"呵"用在单句句中或复句的前一分句句尾,起到语气停顿并使语气抑扬顿挫地延续、过渡到下一词或小句的作用。①

"呵"的这种意义和用法与上古汉语普遍使用的语气词"兮"相似。帛书《老子》甲本和乙本使用语气词"呵",完全不用语气词"兮";相反,通行本《老子》使用语气词"兮",完全不用语气词"呵"。例如,《老子》甲本作:"潚(渊)呵始(似)万物之宗②";《老子》乙本作:"渊呵佁(似)万物之宗";通行本《老子》第四章作:"渊兮似万物之宗。"就所举例句(1)~(11)而言,帛书《老子》中的例(3)(4)(5)(6)(7)(9)(10)使用语气词"呵",通行本《老子》相应的句子使用语气词"兮"。"兮"是带有楚地方言色彩的语气词,楚辞广泛地使用语气词"兮"。③ 老子是楚国人,用"兮"应该更符合老子的用语实际;帛书使用"呵",恐是汉代抄手受当时口语影响而做的改动。"呵"和"兮"是意义和用法相似的句中语气词,显示了不同时代的口语特色;就帛书释读而言,依据传世本将帛书中的语气词"呵"改读为"兮"是没有必要的。通行本《老子》与帛书《老子》例(1)(2)相应的句子没有使用语气词。通行本《老子》与帛书例(8)相应的句子用"阿"。通行本《老子》与帛书例(11)相应的句子用"乎"。郭店楚简《老子》与帛书《老子》例

---

① 熊春锦:呵,叹词,多音,此处应读为科,对应心脏。此字通行本皆改为"兮",但失其发声时其音内部震动之韵,故仍取古叹词"呵"为用,另此字仅见于《道经》中,《德经》中无,更见启迪心道之用。南京大学汉语言文字学博士邓强看了本文初稿后认为:"兮上古支部,呵上古属歌部,楚辞、老子、淮南子等韵语中多歌、支通押,虞万里认为楚辞音系中无歌、支之分,这是楚方音的特点,这里的呵可能就是兮。"
② 此释文依据帛书整理小组的观点,笔者认为该句应释为"潚呵始,万物之宗"。
③ "楚辞"最初不是书名,只是"楚国的诗歌"的意思。汉朝人把屈原、宋玉等人的长诗编辑起来,统称为《楚辞》。使用带"兮"字的句子是楚辞的句式特点之一。"兮"作为语气词,在古汉语中多用于韵文,书面语色彩较浓。渭南方言中,称脏为污兮。例如:王家婆娘污兮得很!这里的"兮"就保持了它在古汉语中作为句中语气词的用法。

（3）（7）相应的句子使用语气词"乎"①；郭店楚简《老子》与帛书例（8）（11）相应的句子，原简文字用"可"，学者将之读为"呵"。② 按，"呵"是晓纽歌部，"乎"是匣纽鱼部，"阿"是影纽歌部，"可"是溪纽歌部，"兮"是匣纽支部，声母都属于牙喉音，韵母存在旁转或对转关系，于句中使用语气词"呵""乎""兮"等表示语气在该处稍作停顿，以着重突出它前面的词语，一般不能译出，所以部分句子的版本异文不加语气词。

第二，"呵"用在感叹句句末，加强感叹语气。例如：

（12）我禺（愚）人之心也，蠢蠢呵。鬻（俗）［人昭昭，我独若］闉（昏）呵。鬻（俗）人蔡（察）蔡（察），我独闉（闷）闉（闷）呵。（帛书《老子》甲本）

（13）沕（忽）呵望（恍）呵，中又（有）象呵。望（恍）呵沕（忽）呵，中有物呵。幼（窈）呵冥呵，其中有请（精）呵。（帛书《老子》乙本）

"呵"在这里的用法近似语气词"也"，但比"也"表达出更加强烈的感叹语气，其用法相当于现代汉语中的语气词"啊"。传世本《老子》与上两例相应的句子没有使用句尾语气词。句尾加语气词"呵"，反映了汉代的语言特色。

"兮"是上古汉语常见的语气词，多出现在韵文中；"呵"不见于先秦典籍，出现在汉代文人抄写的帛书《老子》中③；"兮"与"呵"读音相近（两者声母同属喉音，韵母存在对转关系），笔者推测"呵"是汉代口语中"兮"的后起记音字。中古以后，"呵"作为语气词的意义和用法一直沿用下来，"兮"则很少出现了。

"呵"是基于汉代口语实际而产生的语气词，出现在历代基于口语、具有现实性的文本当中。例如：

（14）试听呵，寒食近也，且住为佳。（宋·辛弃疾《玉蝴蝶·追别杜叔高》）④

---

① 《说文》："乎，语之余也。从兮，象声上越扬之形也。"
② 郭店楚简《老子》有缺失，与帛书《老子》有对应的只有四例。"可"是"呵"的通假字。
③ 据学者们研究，帛书《老子》甲本抄写的年代稍早，可能在高帝时期，即公元前206—前195年；帛书《老子》乙本的抄写年代稍晚，当在文帝时期，即公元前179—前169年。
④ 此例转引自《汉语大字典》，这是该字典所收"呵"的语气词用法的最早例句。实际上，"呵"作为语气词的典型用法汉代已经出现，字典当补。

(15) 千里途程，至少呵来回三月。(元刊杂剧三十种·范张鸡黍·二，P598)①

(16) 楚国天臣还见呵，其实也难收敛，怎求和？(元刊杂剧三十种·气英布·一，P291)

(17) 看了这坟所，好是感伤人呵！(元曲选·老生儿，P3)②

现存元杂剧唯一的元代刻本《元刊杂剧三十种》反映了元代的语言面貌，"呵"在该书中多次出现，用在单句句中、复句的分句之间或句末；这些用法也同样出现在明代中后期臧晋叔编的《元曲选》中。

张相在《诗词曲语辞汇释》中提出"呵"起源于早期近代汉语中的"后"，黄斌《〈元曲选〉中的语气词"也、呵、那、阿、呀"》一文赞同这种观点③。实际上，"呵"在元代杂剧中的意义和用法与它在帛书《老子》中的意义和用法是一脉相承的，即"呵"的语气词用法汉代已经出现，保留在马王堆汉墓出土的帛书《老子》中，是不同于"后"的从汉代沿用至今的在口语中常见的语气词。

"呵"作为语气词的用法一直沿用到现代汉语中。例如：

(18) 安家立业了，日子过好了，可是不能忘本呵。(周立波《暴风骤雨》第二部十九)

"呵"与"啊"读音相近，"啊"当是"呵"的后起记音字。"呵"在昆明方言中，则音转为"咯"，例如：明天会降温，自己注意咯。

二、吔

"吔"作为语气词，未见于传世的先秦两汉典籍，《古代汉语虚词词典》未收；出现在帛书《老子》甲本中，其用法相当于句末语气词"也"。

《老子》甲本第133行："孔德之容，唯道是从。道之物，唯望（恍）

---

① 徐沁君：《新校元刊杂剧三十种》，中华书局1980年，中文数字是折数，阿拉伯数字是页码。

② 此例转引自黄斌的《〈元曲选〉中的语气词"也、呵、那、阿、呀"》(《古汉语研究》1996年第1期)。

③ 张相在《诗词曲语辞汇释》"后"（繁体写作"後"）字条下提出"后"本来是一个时间词，可用来表示事件、行为的先后关系，也可用来表示事理上的先后关系，这时其含义虚化，逐渐发展成为一个表示句中停顿的语气词，此后由于语音的变化，字形变为"呵"。黄斌在《〈元曲选〉中的语气词"也、呵、那、阿、呀"》(《古汉语研究》1996年第1期)一文中进一步论述：同"后"相比，"呵"的主要用法仍表示句中提顿语气，但有新的发展，即可用来表示强调、感叹语气。

唯忽。[忽呵恍]呵，中有象呵。望（恍）呵忽呵，中有物呵。幽呵冥呵，中有请（精）吔〈呵〉。其请（精）甚真，其中[有信]。"其中第21字原帛书字形作：，整理者将之隶定为"吔"，在其后用尖括号注出"呵"，依据此书①凡例，表示该字从字形看是"吔"字，但从文义看正字当为"呵"，即此处"吔"是"呵"的别字。

帛书整理者认为正字当为"呵"，恐是受帛书《老子》乙本的影响，《老子》乙本相应的字句作："孔德之容，唯道是从。道之物，唯望（恍）唯沕（忽）。沕（忽）呵望（恍）呵，中又（有）象呵。望（恍）呵沕（忽）呵，中有物呵。幼（窈）呵冥呵，其中有请（精）呵。其请（精）甚真，其中有信。""其中有请（精）呵"，句末使用语气词"呵"。而且此句之前的两句"中有象呵""中有物呵"，帛书《老子》甲本和乙本都使用语气词"呵"②；"中有请（精）"后使用语气词"呵"，整个句群的语气是贯通的。

那么《老子》甲本"中有请（精）吔"，其句末语气词"吔"必须读为"呵"吗？我们认为"中有请（精）吔"是整个句群的末句，使用语气词"吔"，应该是有意为之，不是疏忽写错，书写者想通过换用语气词表示整个句群的终止。"也"作为语气词常用在句末表示判断语气、陈述语气等。这里受"呵"字影响（呵，从口，可声），而在"也"字上加"口"。"吔"是为表示肯定且带感叹的句末语气词造的一个专字。

帛书《老子》甲本的这段话，句中语气词用"呵"，前两句句末用"呵"，最后一句的句末用"吔"；与之相对应的传世本《老子》第二十一章作："孔德之容惟道是从。道之为物惟恍惟惚。惚兮恍兮其中有象。恍兮惚兮其中有物。窈兮冥兮其中有精。其精甚真。其中有信。"句中使用语气词"兮"，句末没有使用语气词。帛书《老子》甲本与乙本、通行本相比较，句末使用语气词"吔"表达出带有确认、肯定意味的感叹语气。

另，在楚辞中也有"兮"与"也"配合使用的，即前句用"兮"，后句用"也"。例如："余固知謇謇之为患兮，忍而不能舍也。指九天以为正

---

① 此书指《马王堆汉墓帛书（壹）》，国家文物局古文献研究室编，北京：文物出版社，1980年。

② 其字形作：，与《老子》甲本第133行第21字：形体明显不同，将之分别隶定为"呵"和"吔"，是正确的。

分，夫唯灵修之故也。"① 可以作为"呵"与"吔"配合使用的佐证。

"吔"在现代汉语中，主要表示一种感叹语气，不再表达句意结束或肯定等语气意义。例如：

哎呀！我的妈吔！刚刚他碰上我们的刘队长。（《洪湖赤卫队》第三场）

"吔"以它朴实原始的虚灵性表达着说话者的强烈情感。同样的语境，普通话使用语气词"呀"：哎呀！我的妈呀！胶州话使用语气词"唻"：哎呀！我的妈唻！洪湖位于湖北省南部，西南隔长江与湖南省临湘市相邻；帛书《老子》出土于湖南长沙；据此我们推测《洪湖赤卫队》中语气词"吔"的用法当是从汉代口语中的语气词"吔"传承下来的，但其所表达的语气意义有所虚化。

总之，《老子》甲本原来使用的"吔"即是正字，不是"呵"的讹别字。"吔"字虽然只出现一次，但其用法很具有典型性。马王堆汉墓出土的帛书《老子》甲本抄写年代大概在汉高帝时期，即公元前206年至公元前195年之间，其中出现的语气词"吔"未见于字典辞书，反映了汉代口语面貌，是汉代文人为适应当时口语而造的一个俗字。

利用帛书《老子》研究汉代的语言具有时效性，语气词"呵"和"吔"就很好地体现了这一点。

三、殹

"殹"作为语气词，《古代汉语虚词词典》未收。《说文·殳部》："殹，击中声也。"段玉裁注："此字本义亦未见，《医部》医从殹，王育说：殹，恶姿也。一曰：殹，病声也。此与击中声义近。"② 徐灏笺："殹，呻吟声，故云击中声。"

依据《说文》，"殹"的本义为象声词，具有实在意义，后虚化为语气词。多出现在秦地人的著作中。《说文·殳部》"殹"字下，段玉裁注："秦人借为语词。《诅楚文》'礼使介老将之以自救殹'。薛尚功所见秦权铭'其于久远殹'。《石鼓文》'汧殹沔沔'。权铭'殹'字，琅邪台刻石及他

---

① 选自《楚辞·离骚》。
② （汉）许慎撰、（清）段玉裁注：《说文解字注》，杭州：浙江古籍出版社，1998年，第119页。

秦权秦斤皆作殹（按，殹同"也"，《说文·乁部》："乁，秦刻石也字。"）然则周、秦人以殹为也可信。《诗》之'兮'字，俪《诗》者或用'也'为之，三字通用也。"①

"殹"作为语气词，在睡虎地秦简、周家台秦简、龙岗秦简、放马滩秦简中多次出现。② 例如：

（1）凡法律令者，以教道民，去其淫避，除其恶俗，而使之于为善殹。（睡虎地秦墓竹简·语书）

（2）此所谓戎磿日殹。（周家台秦简·日书）

（3）是即明避主之明法殹（也）。（龙岗秦简）

（4）是即不胜任，不智殹（也）。（龙岗秦简）

（5）智（知）而弗敢论，是即不廉殹（也）。（龙岗秦简）

（6）今七年，丹刺伤人垣雍里中，因自刺殹。（放马滩秦简·墓主记）

《龙岗秦简》的编撰者将"殹"读为"也"，即认为"殹"作为句尾语气词的意义和用法等同于"也"。清代朱骏《说文叚借义证》："殹、也一声之转。"

我们认为"殹"是具有秦地方言特色的语气词，它的意义和用法相当于通语"也"；但"也"的上古音为余纽、歌部、上声，"殹"的上古音为影纽、脂部、去声；两者读音不同，当是两个不同的语气词，而不是一个词的不同写法；而且因为两者的读音不同，所以作为语气词所表达的语气自然会稍有差异；"殹"读音下沉，表达的语气更加严肃和沉重，故多出现在法律条文中。③

另外，马王堆汉墓出土的帛书中，偶然也会用到"殹"字，例如：

（7）法者，引得失以绳，而明曲直者殹。（马王堆汉墓帛书·经法·道法）

汉朝沿用秦朝的律法，在这条法律条文中连句末语气词都沿用过来。

"殹"作为语气词，还可以用在句中，句中语气词"殹"的语气意义进一步虚化、弱化，表示语气停顿，带有衬字的意味。例如：

---

① （汉）许慎撰、（清）段玉裁注：《说文解字注》，杭州：浙江古籍出版社，1998年，第120页。

② 对于"殹"在战国时期作为语气词所具有的语法特征，张玉金在《出土战国文献中的语气词"殹"》（《殷都学刊》2011年第3期，第102页）一文中从现代语法学的角度进行了探讨。本文主要从"殹"的语气意义方面立论，从而使人们对语气词"殹"有更全面的了解。

③ 各地出土的秦简中同时使用语气词"也"。张玉金在《出土战国文献中的语气词"殹"》一文中主要从句法结构方面将两者的用法做了比较。

（8）若以是月殹北徙。(睡虎地秦简·日书甲种)

（9）县料而不备者，钦书其县料殹之数。(睡虎地秦简·效律)

"殹"分别放在状语和定语的后面，起到舒缓语气的作用，使语势起伏顿挫。

"殹"作为语气词，文言及书面色彩较浓，现代陕西方言已经不再使用。①

四、居

《说文·尸部》："居，蹲也。从尸，古者居从古。"依据《说文》，"居"是表蹲坐义的动词；它表语气词的意义和用法与本义无关，是假借义。《广韵·之韵》："居，语助。""居"作为语气词，在先秦已有用例，后沿用于文言文中，用例较为少见。"居"旧读为 jī。《古代汉语虚词词典》② 收录了该词，认为"居"作为语气词，在古代汉语中主要有两种用法：

一、用于疑问代词"何""谁"之后，表示疑问语气，可译为"啊""呢"等。

（1）谁居？后之人必有任是夫！国弃矣。(左传·成公二年)③

（2）臧孙闻之曰："国有人焉，谁居？其孟椒乎？"(左传·襄公二十三年)

（3）檀弓曰："何居？我未之前闻也。"(礼记·檀弓上)④

（4）学为谋如此，于义何居？(孔丛子·连丛子下)

（5）呼为丈人犹可，今俗称干爹干娘，于义何居？(《颜氏家训·风操》郝懿行注)

按，句中的疑问或反问语气主要是靠"谁""何"表达的；"居"用于"谁""何"之后，加强疑问或反问语气。

二、用于名词之后，表示对事物的列举。这种用法常与"诸"字互见，可译为"啊"。

（6）日居月诸，胡迭而微。(诗·邶风·柏舟)

---

① 查阅《西安方言词典》(李荣主编，王军虎编纂，江苏教育出版社，1996年12月版)无"殹"字。调查多位陕西人，他们的口语不使用语气词"殹"。

② 中国社会科学院语言研究所古代汉语研究室编：《古代汉语虚词词典》，北京：商务印书馆，1999年。

③ 杜预注："居，辞也。言后人必有当此患。"陆德明释文："居，音基。"

④ 郑玄注："居读为姬姓之姬，齐鲁之间语助也。"

(7) 日居月诸，天行地止。(《杨炯集·浑天赋》)①

对于"居"作为句中语气词的用法，《汉语大字典》还举了两例：

(8) 噫，亦要存亡吉凶，则居可知矣。(易·系辞下)②

(9) 龟为前列，先知也，以钟次之，以和居参之也。(礼记·郊特牲)

《续方言补正》："居读为姬，齐鲁之间语助也。"它作为齐鲁间的一个语气助词，常假借不同的文字符号来记录。王引之《经传释词》卷五："其，问词之助也。或作'期'，或作'居'，义并同也。"写作"其"字，例如：

(10) 今尔无指告予，颠隮，若之何其？(尚书·微子)③

(11) 彼人是哉！子曰何其？(诗经·魏风·园有桃)④

写作"期"字，清代朱骏声《说文通训定声·颐部》："期，助语之词。"例如：

(12) 有頍者弁，实维何期。(诗经·小雅·頍弁)⑤

"居"在古代汉语中作为句中和句末语气词的用法，前人已有论述；需要补充的是，现在胶州话中依然经常使用该语气词，比如：

(13) 这个包是谁居的？

(14) 谁居好在大街上睡？

(15) 谁居的背包好漂亮啊！

第一个句子中的"居"用在一般疑问句中，第二个句子中的"居"用在反问句中，疑问或反问的语气主要是靠"谁"表达的，"居"只起辅助作用，补充音节，表示语气稍作停顿。这两个句子中"居"都放在疑问代词"谁"的后面，与"谁"连用，胶州话现在已经不再使用疑问词"何"，"居"与"何"连用的用法就消失了，"何"被"什么"或"为什么"代替，不再加语气词，或加语气词"呢"。第三个句子中的"居"用在感叹句中，感叹语气主要靠整句的语调和句末语气词"啊"表达，"居"只表示语气停顿。

"居"作为句中语气助词的用法，同样保留在现代胶州话中，例如：

---

① "'居'的这种用法，旧或以为'乎'，或以为'与'。《诗·邶风·日月》毛亨传：'日乎月乎，照临之也。'《文选·张华·励志》：'日与月与，荏苒代谢。''与''居'同义。"

② 王引之释词："郑、王注并曰：'居，辞也。'"

③ 《史记·宋微子世家》"隮"作"跻"，裴骃集解引郑玄曰："其，语助也。齐鲁之间声如姬。《记》曰'何居'。"

④ 毛传："夫人谓我欲何为乎？"陆德明释文："其，音基。"

⑤ 郑玄笺："何期，犹伊何也。期，辞也。"陆德明释文："期，本亦作其，音基。"

（16）他居就敢贪污。
（17）她居的货还没来齐。①

"居"一般不用在第一人称代词"俺"和第二人称代词"你"的后面；通常放在第三人称代词的后面，表示语气停顿。一般用在评论内容的语句中，而不用在对话中。例（16）的"居"用在主谓之间，例（17）的"居"用在定语和中心语之间。

"居"和"谁"连用，出现在疑问句、感叹句中；"居"和第三人称代词"他""她"连用，出现在陈述句中；"居"一般不出现在祈使句中。

总之，"居"是具有齐鲁地方特色的一个语气词，有时写作"其"或"期"。两千多年间一直活跃在齐鲁人的口语当中。先秦时期的书面语和口语基本一致，因此"居"也出现在当时的文献典籍中，但随着书面语和口语的分离，"居"越来越少地出现在后世文学作品中，偶尔被个别作者沿用，也是受仿古心理的影响。

（原载《昆明学院学报》2012年第5期）

---

① 笔者祖籍是山东胶州，从小讲胶州话，文中胶州话的语料取自笔者的口语，为保证语料的可靠性，笔者已将所取语料向多位胶州人做调查、印证。

长沙马王堆一号、三号汉墓遣策文字补释

1972年，湖南省长沙马王堆一号汉墓出土竹简312枚，共2063字，内容为随葬器物的清单，即遣策。木楬49枚，所书文字是对竹笥所盛物品的说明。简上文字为早期隶书，部分保留战国时期俗体小篆的笔法。1973年出版的《长沙马王堆一号汉墓》收录这批简牍。

1973年至1974年，湖南省长沙马王堆三号汉墓出土竹木简610枚，其中遣策410枚，医书200枚。遣策记载随葬器物，简文与出土物可以两相对照。2004年出版的《长沙马王堆二、三号汉墓（第一卷田野考古发掘报告）》收录这批简牍。

这两批简牍遣策对于汉代名物辨识和传统丧葬研究具有重要意义。简文的释读对出土物的定名有很大帮助，正确的字词考释有助于更好地发挥这两批简牍在历史文化方面的价值，下面就其文字释读提出十点自己的看法，以就教于方家。

1. 马王堆一号汉墓竹简7："䏦（㲉）酹羹一鼎。"整理者释为"酹"的字，原简牍字形作：▨（该简第2字）。该字在马王堆一号汉墓竹简中频繁出现，1号简"牛首▨羹一鼎"，2号简"羊▨羹一鼎"，4号简"豕▨羹一鼎"，5号简"豚▨羹一鼎"，6号简"狗▨羹一鼎"，8号简"雉▨羹一鼎"，9号简"鸡▨羹一鼎"，10号简"右方▨羹九鼎"。①

按，整理者将上列诸字摹释为"酹"，《汉语大字典·补遗》"酉"部下收录此字，其下解释"同'酐'"，并收例证一项，正是马王堆一号汉墓竹简1"牛首酹羹一鼎"。② 其他字书及文献典籍未见"酹"字。就词义文义而言，若"酹"即为"酐"，而《玉篇·酉部》："酐，饮也。"《正字通·酉部》："酐，小饮。"则"酐"的小饮义不合文义。

---

① 湖南省博物馆、中国科学院考古研究所：《长沙马王堆一号汉墓》，北京：文物出版社，1973年。

② 汉语大字典编辑委员会：《汉语大字典（缩印本）》，湖北辞书出版社、四川辞书出版社，1992年。

该字还在马王堆三号汉墓简牍"遣策"中频繁出现，86号简"牛首、笋🗌羹一鼎"，87号简"羊🗌羹一鼎"，88号简"豕🗌羹一鼎"，89号简"豚🗌羹一鼎"，90号简"狗🗌羹一鼎"，91号简"鸡🗌羹一鼎"，92号简"雄🗌羹一鼎"，93号简"鮈（鳧）🗌羹一鼎"，94号简"鲜鲤杂葵🗌羹一鼎"。三号汉墓的整理者将这些字释为"䣧"，其后注释："䣧羹，一说䣧为大，即大羹。朱德熙、裘锡圭说：'䣧字不见于字书，夸、古古音相近，疑此字当读为䣱，《仓颉解诂》：䣱，酢菹也。'"按，此字右边所从与马王堆三号汉墓竹简376"素绔二"的"🗌（绔）"右边所从并不相同，"绔"字的右上构件由四笔构成，而我们要讨论的上面诸字的右上构件由三笔构成。

我们认为马王堆一号汉墓竹简和马王堆三号汉墓简牍"遣策"中的这些字都是同一个字；该字左边的构件为"酉"是毫无疑问的；其右边的构件与马王堆汉墓帛书·老子乙前古佚书10下的"🗌（降）"、武威汉简·甲本士相见之礼14的"🗌（降）"的右边构件相似，当为"夅"；整字当隶定为"䣎"。"䣎"不成字，这里应读为"酱"，《说文·酉部》："酱，盬也。从肉、从酉，酒以和酱也。爿声。"段玉裁本"盬"作"醢"，并注："从肉者，醢无不用肉也。"①《正字通·酉部》："醬，酱本字。篆作䣇，经、史通作酱。"简化字作"酱"。"酱"指用盐醋等调料腌制而成的肉酱，《周礼·天官·膳夫》："珍用八物，酱用百有二十瓮。"郑玄注："酱谓醯、醢也。"孙诒让正义："江永云，酱者，醯、醢之总名。""羹"从"羔"、从"美"会意，指用肉或菜调和五味做成的带汁的食物，上古的"羹"一般指带汁的肉，而不是汤。酱是调和五味的重要食料，"酱羹"指肉醢酱羹。马王堆一号汉墓竹简和马王堆三号汉墓简牍"遣策"分别记录了各种肉做成的酱羹，比如"羊䣎（酱）羹一鼎"指羊肉酱羹一鼎，"鸡䣎（酱）羹一鼎"指鸡肉酱羹一鼎。

2. 马王堆一号汉墓竹简163："戾无一器。"整理者释为"戾"的字，原简牍字形作：🗌（该简第1字）。其后注释："戾无，第一字不识。无，即膴字。《说文·肉部》：'膴，无骨腊也。杨雄说，鸟腊也。'"

按，就字形而言，整理者释为"戾"，符合原简牍字形。《汉语大字典》

---

① （清）段玉裁：《说文解字注》，杭州：浙江古籍出版社，1998年。

在"戻"字头下，收录了一号墓竹简163的这个字形；并列举"戻"的两个义项：①同"屎"，②陈列。但这两个义项均不符合文义。下一简"合无一器"，其后注释："合，疑为鸽字简笔。《说文·鸟部》：'鸽，鸠属。'"依例，简163"无（膴）"前的这个字也应指一种鸟，我们认为"戻"当读为"鸤"，"鸤"有异体字作"鳲"，而"鳲"又写作"雇"，一号汉墓竹简163中的"戻"字显然是在"雇"字基础上受读音影响而进一步写讹的结果。《尔雅·释鸟》："鸤鸠，鵠鵴。"注："布谷也，江东呼获谷。"

总之，一号汉墓竹简163的这句话当释为："戻（鸤）无（膴）一器。"意指鸤鸠腊肉一器。

3. 马王堆一号汉墓竹简251："郭（椁）中緷印繄帷一缋掾（缘）素校衰二丈二尺广五尺青绮佫素里掾（缘）。"① 整理者摹释为"緷"的字，原简牍字形作：⿰糹龙（该简第3字）。

按，整理者隶定为"緷"，字书无"緷"字。细察简牍字形，最右边不是"⻏"，该简第1字"郭"作：𦘔，两者最右边的构件相差甚远；此字左边的构件明显是"糹"；除去"糹"而剩下的右边构件不是"䢼"，而是"龙（繁体作'龍'）"，构件"龙"书写草率；整字可隶定为"纏"。《龙龛手鉴·糸部》："纏，直也。"《康熙字典》引作："重也"。"纏"的重义正合文义。

整理者摹释为"繄"的字，原简牍字形作：𦆪（该简第5字）。其后注释："繄为缕字繁体。"按，虽然该字左下从"子"[此构件"子"与该简第1字"𦘔（郭）"中的构件"子"形体相同]，不从"女"，但从字形认同及读通文义的角度看，整理者摹释为"繄"、读为"缕"的观点可从。

整理者释为"校"的字，原简牍字形作：𢪙（该简第11字），其后注释："校当为绞字。"按，此字左边的构件与此简第9字"𢪙（援）"左边的构件相似，当为"扌"；此字右边构件与第244号简第2字的"𧘇（衣）"形体接近，当为"衣"；整字当为"挟"。"挟"本是"挍（挍）"的讹误字形。这里"挟"是"绞"的讹误字，即正字当为"绞"。

整理者释为"衷"的字，原简牍字形作：𧘇（该简第12字）。按，细察此字，其中间的构件不是"中"，而是"矛"，整字当为"袤"。《汉语大字典》在"袤"的字头下收录了一号汉墓竹简251的这个字形，是正确的。

---

① 《长沙马王堆一号汉墓》一书未加标点，下同。

马王堆三号汉墓"遣策"389号简"袤二丈二尺"的"袤"作：▨（该简第11字），其后注释："一号汉墓简二五一……'衰二丈二尺'之'衰'，系'袤'字之误写，'袤'指长，而'广'指宽。"按，竹简251第12字本来即为"袤"。王念孙《广雅疏证》："对文则横长谓之广，纵长谓之袤。"这里"袤"与"广"相对成文。

总之，马王堆一号汉墓竹简251的这句话当释为："郭（椁）中纑印繁（缕）帷一，缋掾（缘），素抍〈绞〉，袤二丈二尺，广五尺，青绮帟（衿），素里掾（缘）。"意为：外棺中有重印缕绵帷幔一张，五彩边，素白绞，长二丈二尺，宽五尺，青花衿，素白里边。

4. 马王堆三号汉墓简牍"遣策"第36号简："枑（弧）弩一具，象几一，越䏏（?）盾，缇里，孝（绢?）繻掾（缘）。"整理者释为"䏏"的字，原简牍字形作：▨（该简第9字）。其后注释："䏏字字迹不清楚，似从'圭'、从'矛'，《说文》无此字。"①伊强先生在发表于简帛网的《马王堆三号汉墓遣策文字考释》一文中将之隶定为"邽"。②按，整理者摹释出的"䏏"不成字，而伊强先生所释的"邽"指下邽，在今陕西省渭南市，这一地名与"越"难以搭配。我们认为此字与第56号简的"▨（锦）"形体相似，当是"锦"字，"越锦"指越地生产的有彩色花纹的丝织品。

整理者释为"孝"的字，原简牍字形作：▨（该简第13字）。伊强先生在发表于简帛网的《马王堆三号汉墓遣策文字考释》中将此字隶定为"李"。按，此字确实接近"孝"的古文字形，但释为"孝"于文义难通。释为"李"于形于义均不可通。我们将之与第34号简第8字的"▨（斿）"相比较，认为此字或许是"斿"字的简写，可释为"斿"。"斿"古同"旒"，《集韵》："旒或作斿、斿。"指下垂的旒苏。

另，伊强先生在发表于简帛网的《马王堆三号汉墓遣策文字考释》一文中将"几"读为"机"；将"盾"读为"帕"，为盛弩器；其观点可从。

总之，第36号简的这段话可释为："枑（弧）弩一具，象几（机）一，越锦盾（帕），缇里，斿（旒）繻掾（缘）。"意为：木弓弩一张，象牙的发射机关，越锦五彩弩套，丹黄色里子，带旒苏五彩缯边。

---

① 湖南省博物馆、湖南省文物考古研究所：《长沙马王堆二、三号汉墓（第一卷田野考古发掘报告）》，北京：文物出版社，2004年。
② 伊强：《马王堆三号汉墓遣策文字考释》，简帛网2010年5月1日首发。

5. 马王堆三号汉墓简牍"遣策"第53号简:"琴一,青绮緓,素里缋掾(缘)",整理者释为"緓"的字,原简牍字形作:▮(该简第5字)。三号汉墓简牍"遣策"第55号简:"瑟一,绣緓,素里缋掾(缘)",整理者释为"緓"的字,原简牍字形作:▮(该简第4字)。三号汉墓简牍"遣策"第56号简:"竽一,锦緓,素里缋掾(缘)",整理者释为"緓"的字,原简牍字形作:▮(该简第四字)。

按,这三个简牍字形当为同一个字,整理者原摹释为:"緓"。然而"緓"不成字,我们认为此字与《说文·糸部》所收小篆字形的"▮(绕)"形体相近,当为"绕"字。就词义文义而言,这里"绕"当读为"帙",两者声符同为"失",都属定纽、质部,古音相同,可通假。《说文·巾部》:"帙,书衣也。"《玉篇》:"小囊也。""帙"本义指包裹书、画的封套,一般用布帛制成;后来使用范围扩大,在上三文例中,分别指包裹琴、瑟、竽的套子。

总之,第53号简当释为:"琴一,青绮绕(帙),素里缋掾(缘)",意为:琴一张,(配有)蓝色带花纹的琴套,(这一琴套)白色的里子、边缘绘有花纹。第55号简当释为:"瑟一,绣绕(帙),素里缋掾(缘)",意为:瑟一张,(配有)绣花瑟套,(这一瑟套)白色的里子、边缘绘有花纹。第56号简当释为:"竽一,锦绕(帙),素里缋掾(缘)",意为:竽一张,(配有)彩色织锦竽套,(这一竽套)白色的里子、边缘绘有花纹。

6. 马王堆三号汉墓简牍"遣策"第161号简第3字作:▮,整理者释为"炁",读为"蒸"。第225号简第1字作:▮,第226号简第1字作:▮,这两个字形整理者都释为"丞",读为"蒸"。

按,这三个简牍字形显然是同一个字,其下面的构件都为"火",整字都当释为"烝"。马王堆汉墓帛书·老子甲后古佚书283行的"烝"作:▮,马王堆一号汉墓竹简125的"烝"作:▮,可资比较。《广韵·证韵》:"烝,热。"《集韵·证韵》:"烝,气之上达也。或作蒸。"《诗经·大雅·生民》:"释之叟叟,烝之浮浮。"高亨注:"烝,蒸也。"简牍"遣策"中的"烝(蒸)"都指用蒸汽加热。

7. 马王堆三号汉墓简牍"遣策"第230号简:"糲一器"。整理者释为"糲"的字,原简牍字形作:▮(该简第1字)。其后注释:"糲,从米,当为粮食作物。但《说文》中无'糲'字。"按,《集韵》:"糲,白米。"第230号简的"糊一器"指白米一器。

8. 马王堆三号汉墓简牍"遣策"第260号简第4字作：🅰️，整理者释为"㭊"，其后注释："㭊，即匜。"

按，图版很清楚，左边的构件不为"木"，而为"禾"。马王堆一号汉墓竹简184第4字的"㭊"作：🅰️，马王堆一号汉墓竹简187第5字的"㭊"作：🅰️，都从"木"，不从"禾"；可见三号汉墓简牍"遣策"第260号简第4字从"禾"是从"木"之讹；当隶定为"称"，读为"㭊"。

9. 马王堆三号汉墓简牍"遣策"第379号简："沙縛复衣襲一"。整理者释为"縛"的字，原简牍字形作：🅰️（该简第2字）。其后注释："縛，此字不识。古代，'沙縠'连称，故疑为縠字。《汉书·江充传》师古注：'纱縠，纺丝而织之也，轻者为纱，绉者为縠。'《说文·衣部》'襲，左衽袍。'"马王堆三号汉墓简牍"遣策"第380号简："沙縛复前襲一，素橡（缘）。"整理者释为"縛"的字，原简牍字形作：🅰️（该简第2字）。

按，这两个简牍字形当为同一个字，细察之，当为"縠"的讹错字，即原简牍字形将"糸"和"殳"交换了位置，恐是因与丝织品有关的字多从"糸"，又将字错误地理解成左右结构，而将"糸"独立地写在字的左边，遂使声符构件"㱿"的结构发生了变化，致使整字失去构字理据。整理者将之摹形为"縛"，是毫无根据的，因为其右边中间的构件不是"田"，右下的构件也不是"子"。依原简牍字形应摹形为"縠"，正字当为"縠"。①《说文·糸部》："縠，细縳也。从糸，㱿声。"考察"縠"字的古文字形，其从糸、㱿声的结构始终没有改变：🅰️（说文·糸部）、🅰️（马王堆汉墓帛书·老子甲后古佚书424）、🅰️（武威汉代医简66·9）。原注释认为当读为"縠"，"縠"为字书所无，是个不合理据的错字，当即"縠"字。

马王堆三号汉墓简牍"遣策"第388号简："白敎（縠）袤二素里其一故。"整理者释为"敎"、读为"縠"的字，原简牍字形作：🅰️（该简第2字）。马王堆三号汉墓简牍"遣策"第396号简："鲜文蝉衣一敎（縠）橡（缘）。"整理者释为"敎"、读为"縠"的字，原简牍字形作：🅰️（该简第6字）。按，此二字与马王堆三号汉墓简牍"遣策"第400号简整理者原释为"縠"的字"🅰️（该简第2字）"形体相同，其声符构件"㱿"的结构没有

---

① 刘玉环：《追溯笔程——考释简帛文字的一种方法》，《文山学院学报》，2011年第5期。

改变，而将左下边的义符构件"糸"简写为"子"，是将"縠"字简写而致讹的字形；可隶定为"縠"，读为"縠"。

马王堆三号汉墓简牍"遣策"第 407 号简第 16 字作：，第 41 字作：。这两个简牍字形整理者也都摹释为"敦"。按，实际上它们的左下构件为"糸"，声符构件为"殳"，整字就是"縠"。

"縠"的结构特殊（义符处左下角），笔画繁缛，书写常有错讹。就马王堆三号汉墓简牍"遣策"而言，第 407 号简中的"縠"是正确的；第 388 号简、第 396 号简、第 400 号简中的"縠"字，因左下角简省而致写讹；第 379 号简、第 380 号简中的"縠"字，因改变整体结构而致错讹。

10. 马王堆三号汉墓简牍"遣策"第 379 号简："沙縠复衣袭一"。整理者释为"衣"的字，原简牍字形作：（该简第 4 字）。

按，此字与前 2·41 的"（反）"、《说文·又部》所收小篆字形的"（反）"、马王堆汉墓帛书·老子甲第 91 行的"（反）"字形相近，明显是"反"字。

就词义文义而言，《说文·糸部》："縠，细缚也。"縠指用细纱织成的皱状丝织物，"沙縠"是"袭"所用面料的性质。《说文·衣部》："袭，左衽袍。"第 380 号简作："沙縠复前袭一，素椽（缘）。""复""前"都是用来限定"袭"的；"复"指双层，即衣服带里子。第 379 号简第 4 字若释为"衣"，"衣袭"讲不通；而释为"反"，"反"与第 380 号简中的"前"是同一性质的词而词义相对，都用在"袭"前，表示"袭"开口的方向（分别指向后、向前）；第 379 号简第 4 字释为"反"，正合文义。

总之，第 379 号简的这句话当释为："沙縠复反袭一"。意为：绉纱双层（带里子）倒袍一件。

（原载《宁夏大学学报 2016 年第 2 期》）

释汉代漆器铭文及遣策中的"氾"字

一、概论

"氾"常出现在汉代遣策及漆器铭文中：

例1：㓚　髹△幸食杯百。（马王堆三号汉墓简牍"遣策"图版三九·247）

例2：㓚　髹△脯检一合。（马王堆三号汉墓简牍"遣策"图版四〇·267）

例3：㓚　髹△幸食杯五十。（长沙马王堆一号汉墓竹简193）

例4：㓚　髹◇幸食杯五十。（长沙马王堆一号汉墓竹简192）

例5：㓚　右方髹◇幸食杯一百。（长沙马王堆一号汉墓竹简194）

例6：㓚　髹◇食检（奁）一合盛稻食。（长沙马王堆一号汉墓竹简212）

例7：㓚　鸿嘉三年，考工褒造、◇工谭、守佐章、啬夫并、掾咸主、守右丞襄、守令禁省。（姚庄M102出土的漆盘铭文）

例8：㓚　元延三年，供工工彊造、画工政、涂工彭、◇工章、护臣纪、啬夫臣彭、掾臣承主、守右丞臣放、守令臣兴省。（宝女墩M104出土的29号漆盘铭文）

例9：㓚　河平元年，供工、髹、涂、画工顺、◇工姨绾、护忠、啬夫昌亡、右丞谭、令谭、护工卒史音省。（宝女墩M104出土的28号漆盘铭文）

例10：㓚　髹◇画盂一。（云梦西汉墓出土木方第1列，另第2列、第4列、第5列、第6列、第7列都有该字，字形相同。）

就目前所知，对"㓚"（为排版方便，下文中出现该字均用△代替）大致有七种考释，分别释为：彤①、沔②、汩③、羽④、雕⑤、洿⑥、冃⑦。其中释为"彤"和释为"冃"两说影响较大。释为"彤"的观点为《汉语大字典》所采纳，即该字典在"彤"字条下所列的古文字字形中收录了睡虎地简二五·四五和元始四年漆盘上的该字字形。周世荣先生在《汉代漆器铭文"冃工"考》中将此字释为"冃"，此说为《长沙马王堆二、三号汉墓·第一卷田野考古发掘报告》一书所从。

对于释为"彤"以及释为"沔""汩""羽""雕""洿"诸说的不可信从，周世荣先生在其文中做了辨析，笔者对之十分赞同，故此不再赘述。

但对于周先生将此字释为"冃"的观点，笔者有几点疑问：第一，周先生将此字右边的构件释为"冃"，笔者认为欠妥。"冃"，小篆作：冃，《说文解字·冃部》："冃。小儿蛮夷头衣也。从冂；二，其饰也。凡冃之属皆从冃。"即"冃"是象形字，像帽子的形状，是"帽"的初文，最上面的横与两竖相连接，构成一个半包围的外框，上方的两角成圆弧形，下面的两横不与两竖相连。而我们要考释的字形则多数不具有这样的特点：其右边构件的两竖高出最上面的一横，下面的两横（或一横）与两竖（或其中一竖）相接。第二，△字在漆器铭文和简牍文字中多次出现；但是周先生隶定出的字形"冃"（包括"沔"），《说文》及历代字典辞书均未收录。第三，周先生得出"'冃工'也可引申为'罩工'，而与《髹饰录》中的'罩明'相类似"的结论，是基于"冃"有"覆盖"义。但我们不能因为"冃"与"帽"通，而帽子覆盖在眼际（周先生是这样推论的），就得出"冃"有覆盖的含义。而"'湄'为涨水之意，洪水猛涨，可以覆盖田地和村庄"，这种所谓引申也带有很大的主观性，实际上，"湄"在文献典籍中未见"覆盖"义的用例。而且罩明的目的不是覆盖，而是使下面的花纹

---

① 容庚：《乐浪遗迹出土之漆器铭文考》，《北大国学月刊》第一卷第一号，1926年。
② 梅原末治：《支那汉代纪年铭漆器图说》，1943年。
③ 邓之诚：《骨董琐记全编》，北京：生活·读书·新知三联书店，1957年，第289—290页。
④ 《贵州清镇平坝汉墓发掘报告》，《考古学报》1959年第1期。
⑤ 陈直：《两汉经济史料论丛》，陕西人民出版社，1958年，第213—214页。
⑥ 陈振裕：《云梦西汉墓出土木方初释》，《文物》1973年第9期。
⑦ 周世荣：《汉代漆器铭文"冃工"考》，《考古》2004年第1期。

或底色更好地显现。第四，据《髹饰录解说》，一件漆器的制成需要多道工序，其中布漆、垸漆、糙漆分别是制造漆器的第四、五、六道工序；之后上色漆；有的漆器还会罩一层透明漆——这道工序即是罩明，周先生认为洀工就负责这道工序。其实罩明与布漆、垸漆、糙漆、上色漆相比，就粉刷技巧来说并没有不同，只是所用的漆不同而已，似乎没有必要专门设一工种来负责。

二、释"汎"

我们认为△字应该释为"汎"。

（1）分析字形

该字由左、右两个部件构成。左边的部件隶定为"氵"是毫无疑问的，其中例1～例9中，是隶楷写法的偏旁"氵"；例10中，是小篆之前古文字写法的"水"。

右边的部件也有两种形式：一种是例1～例3中的写法，两竖之间有两横，可释为"凡"。"风"是从虫、凡声的一个字，马王堆三号汉墓简牍"遣策"中的"风"作：（图版四一·274），其构件"凡"的写法与例1～例3中右边的构件相似。

另一种是例4～例10中的写法：两竖之间有三横。我们认为这很可能是受左边构件"氵"的影响而将"凡"写讹。试分析""（为排版方便，下文中出现该字均用◇代替）的书写过程：左边的"氵"写为三笔稍向上倾斜的提，接着写一竖，再写两横的时候，很容易受"氵"的影响，而写作三横（稍向上倾斜），再写一竖。书写的时候人们很少顾及构字理据，受字的一个部件的影响而将另一个部件写讹，这样的例子很多。

第二种写法的"凡"也作单字使用，例如：（《汉印文字征》，十三·十）。但在"凡"字的演进序列中，第一种写法始终占主流（见图一），能见到的汉代简牍都作此种写法，例如马王堆三号汉墓简牍"遣策"中的"凡"作（图版五九·102）。

总之，因为右边的部件有两种不同的书写形式，"汎"呈现两种形态：例1～例3为第一种，可隶定为："汎"；例4～例10为第二种，是"汎"写讹后的字形，因为它与正字的差别微小，我们可以认同为"汎"。受"凡"字演变序列的影响，最终符合构字理据的"汎"的第一种写法延续下来。但第二种字形，也曾在一定时期频繁地出现在人们的笔头，也可见《古文四声韵》所收的"汎"字字形：，确有所本。

(2) 阐释词义和文例

王世襄在《髹饰录解说》中提到"磨显"的方法:"先将色漆或螺钿嵌到刊刻了花纹的漆地中,然后再将表面磨光,显露出齐整的花纹来。花纹由于磨而显露,所以叫作磨显。"① "汍"有浮现、露出之义,用作使动时,就可表示使显露,正与"磨显"义相合。

《髹饰录解说》将黑漆分为揩光黑漆和退光黑漆两种,指出"揩光用透明漆,其中加色或不加色,漆后不再搓磨。退光用退光漆,漆后再搓磨。"马王堆一号汉墓竹简247作:"髹汍幸食杯百",简文所记的食杯,该墓共出土98件(实物比简文少两件),均光素无纹饰(见图二),应该就是用第二种方法制造的。马王堆三号汉墓也有这种食杯出土。

总之,"汍"这道工艺,就是指用揩光石或桴炭等打磨漆器,从而使漆器更加光亮或使花纹更好地显现。

"汍"的"打磨抛光"义和"演奏琴瑟"义,有相同的引申原理。晋陶潜《闲情赋》:"褰朱帏而正坐,泛清瑟以自欣。"瞿蜕园注:"古人称演奏琴瑟为汍,因琴瑟的音是轻清的,汍有轻清之意。"漆器搓磨也要轻清,"其磨轻则平面光滑无抓痕,怒则棱角显灰有玷瑕也。"② 这两义都是由"汍"表"浮貌"的本义引申出来的。

我们见到的用例中,"汍"或是与"漆"连用,"漆汍"表示上漆并加打磨。或是与"工"连用,"汍工"指负责打磨抛光工艺的技师。

在漆器铭文中,"汍工"常排在"漆工""画工""涂工"等之后(参见例8~例10),这正是因为"汍工"负责漆、画之后漆器制作的最后一道工艺(打磨);而紧接在它后面的"护臣""啬夫""掾臣"等是监管漆器制作的官吏,不直接参加劳作。"髹器无不用磋磨而成者"③,而且打磨对技术的要求甚高,因此对于漆器制造中的打磨抛光这一道重要工序设一工种专门负责,是完全有必要的。

《马王堆一号汉墓》一书对于其竹简中的△字做摹形隶定,其后解释说:"就制造漆器程序而言,似指画花纹后的打磨抛光"。王仲殊先生《汉代考古学概论》"汉代漆器"中提到:"可见,'汍'字的意义不在于雕刻花纹或铭文,可能指在漆器上精心刮摩,使其发生光泽。"此二说虽未正确

---

① 王世襄:《髹饰录解说》,北京:文物出版社,1983年,第57页,如金银嵌工艺就用到这种方法:"用金或银的薄叶,镂切成物象花片,或再在上面加刻画文理,贴在漆器表面,上漆若干道,使漆地与它齐平,然后再将花片磨显出来。"

② (明)黄成著、(明)杨明注:《髹饰录》,北京:中国人民大学出版社,2003年,第109页。

③ (明)黄成著、(明)杨明注:《髹饰录》,北京:中国人民大学出版社,2003年,第110页。

释出"氾"字，但对于其意义的揣摩很有道理。

三、结语

汉代漆器铭文及汉墓遣策中的△字，可释为"氾"，意指漆器制作中的打磨抛光；负责这道工艺的技师称为"氾工"。◇是"氾"写讹之后的字形，这个讹字曾一度活跃在漆器铭文中，致使该字长期以来得不到正确的隶定和释义。

图一　《汉语古文字字形表》
　　　　第 512 页

图二　《长沙马王堆二、三号汉墓》
　　　　图版七十·3

3.漆食杯(南42)

（原载《今日科苑》2010 年第 3 期）

读汉代医简札记

1972年，甘肃武威旱滩坡东汉早期的一座墓葬出土医方类简牍92枚，包括木简78枚，木牍14方。其每一条医方包括方名、病名、症状、药物名、用药剂量、服药方法、针灸穴位、禁忌等，共有医方30个，涉及内、外、妇、五官、针灸等科，方剂中所列药物有100多种。经整理小组的学者们研究、考释，1975年《武威汉代医简》一书出版。1973—1974年，湖南省长沙马王堆三号汉墓出土竹木简610枚，其中遣策410枚，医书200枚。医书可分为甲卷和乙卷，依其内容甲卷包括《十问》和《合阴阳方》两部分；乙卷包括《杂禁方》《天下至道谈》两部分。经整理小组的学者们研究、释读，2004年《长沙马王堆二、三号汉墓（第一卷田野考古发掘报告）》一书出版。① 这两部书的出版引起学术界极大关注，其中包含的药方、医理对于医学研究具有重要意义，简牍字词的考释是一切研究的基础，为更好地发挥这两批简牍在医学上的价值，我们就其文字释读提出八点自己的看法，以就正于方家。

1. 武威汉代医简88甲第2列第3竖行作：图，整理者将之释为三个字："弓大鄢"。其后注释："'弓大鄢'不见《神农本草经》，待考。"武威汉代医简88乙第2列第3竖行作：图，整理者也将之释为三个字："弓大鄢"。②

按，将最上面的字形释为"弓"是没有问题的，88甲的"弓"中间部分有所粘连，88乙则进一步省为一笔。下面的字形"图（88甲）"和"图

---

① 已出土的汉代医学文献典籍，除这两批外，还有马王堆汉墓帛书和张家山汉墓竹简。马王堆帛书中的古医书，整理小组根据各书内容分别定名为：《足臂十一脉灸经》《阴阳十一脉灸经》甲本、《脉法》《阴阳脉死候》《五十二病方》（以上五种合为一卷帛书），书法秀丽，字体近篆，推测抄写年代在秦汉之际；《却谷食气》《阴阳十一脉灸经》乙本、《导引图》（以上三种合为一卷帛书），推测为汉初写本；《养生方》《杂疗方》《胎产书》，以上三种各为一卷帛书；都收录在《马王堆汉墓帛书（肆）》一书中。张家山汉墓出土的古医书包括《脉书》和《引书》，收录在《张家山汉墓竹简［二四七号墓］》一书中。

② 甘肃省博物馆、武威县文化馆：《武威汉代医简》，北京：文物出版社，1975年。

(88乙)"，整理者释为"大郢"两字，则不正确；此形应是"穷（繁体作'窮'）"的讹错字。88甲比88乙字形更加紧凑，更像一个字，反映了致误过程。武威汉代医简11的"弓穷"两字分别作：弓、窮；武威汉代医简89甲的"弓穷"两字分别作：弓、窮。很显然，88甲和88乙原释为"大"的部分是由"穷"字的上部构件"穴"讹误而成；88甲和88乙右下的构件与武威汉代医简11和武威汉代医简89甲右下的构件差别不大，都由"弓"讹误而成；88甲和88乙左下的构件讹误殊甚，但与武威汉代医简11"窮"左下的构件相比较，总体面貌有些相似，应系抄手所据底本不清晰，又不明文义，依葫芦画瓢而致误。88甲和88乙原简牍字迹清晰，整理者采用摹形的方式做隶定，将两字误释为三字，致使简牍文义难晓。总之，我们要讨论的88甲第2列第3竖行和88乙第2列第3竖行都当释为"弓穷"；弓穷是中药名，《神农本草经》作芎䓖，是多年生草本植物，叶似芹，秋开白花，有香气，根茎皆可入药。

2. 武威汉代医简85乙的"甚"字作：昌，上下构件分离，结构松散，致使整理者误释为"日甚"两字；实际上，若把上面的部分释为"日"，则剩余的下面部分就不是"甚"字了，所以整体就是"甚"一个字。整段话应释为："意常欲得妇人，甚者更而苔轻，重时腹中痛"。

"弓穷"和"甚"的写法体现了《武威汉代医简》书写草率、结构松散这一特点。这批医简第二个书写方面的特征是省写、简写现象多见，省略笔画或构件的字随处可见。比如将"防"写作"方"，将"糜"写作"麻"，将"泻"写作"㵞"，将"灸"写作"久"，将"颗"写作"果"，将"滓"写作"宰"，将"盛"写作"成"，将"脓"写作"农"，将"痉""痹""病"中的构件"疒"写作"广"等。因这批医简主要记录的是医药方，这两个书写特征的出现可能是书写者不想医方泄露的心理在作怪。

3. 三号汉墓竹简"医书"甲卷第8号简："民何夫而皨（颜）色麄（麤）䤄（狸），黑而苍。"整理者释为"夫"的字，原简牍字形作：夫（该简第10字）。[①]

按，此字与三号汉墓竹简"医书"甲卷第6号简第1字的"夫（夫）"不类；而与三号汉墓竹简"医书"甲卷第15号简"民何失而死？何得而

[①] 湖南省博物馆、湖南省文物考古研究所：《长沙马王堆二、三号汉墓（第一卷田野考古发掘报告）》，北京：文物出版社，2004年。

生?"的"夫（失，该简第 10 字）"、马王堆汉墓帛书·老子乙前古佚书第 1 行的"夫（失）"相似；当为"失"字，原释为"夫"是错误的。就文义而言，《说文·手部》："失，纵也。"段玉裁注："失，一曰舍也。在手而逸去为失。"①《增修互注礼部韵略·质韵》："失，遗也。"下文接着说"民何得而奏（腠）理靡曼，鲜白有光？""失"和"得"相对成文，文义通畅。

4. 三号汉墓竹简"医书"甲卷第 69 号简："此气血之续也，筋胱（脉）之欿也。"整理者摹释为"欿"的字，原简牍字形作：疾（该简第 7 字）。

按，此字与《说文·㫃部》所收小篆字形的"族（族）"、马王堆汉墓帛书·老子乙前古佚书第 55 行的"族（族）"相似，当为"族"字。《正字通·方部》："族，肉骨会凑处。"《庄子·养生主》："每至于族，吾见其难为，怵然为戒。"郭象注："交错聚结为族。"第 69 号简的这句话当释为："此气血之续也，筋胱〈脉〉之族也。"其中的"族"当指筋脉交错聚结之处。

5. 三号汉墓竹简"医书"乙卷第 26 号简："令之复壮有道，去七孙（损）以抵其病，用八益以贰其气。"整理者释为"抵"的字，原简牍字形作：辱（该简第 28 字）。

按，该字不是左右结构，而是上下结构；此字与马王堆汉墓帛书·五十二病方第 380 行"以履下靡（磨）抵之"的"抵（抵，该行第 31 字）"形体不类；而与马王堆汉墓帛书·老子甲第 113 行的"辱（辱）"、马王堆汉墓帛书·纵横家书第 39 行的"辱（辱）"形体相似；当为"辱"字。就词义文义而言，原释为"抵"，文义不甚通畅。若释为"辱"，"辱"指挫折。《释名·释言语》："辱，衄也，言折衄也。"《银雀山汉墓竹简·孙膑兵法·十阵》："往者弗送，来者弗止，或击其迂，或辱其锐。"第 26 号简的这句话当释为："令之复壮有道，去七孙（损）以辱其病，用八益以贰其气。"其中"辱其病"即指使其病受挫折，也就是减轻病症的意思。

6. 三号汉墓竹简"医书"乙卷第 35 号简："几已，内脊，毋撞（动），翕气印（抑）下之，静身曰（温）之，曰侍（待）嬴。"整理者摹释为

---

① （清）段玉裁：《说文解字注》，杭州：浙江古籍出版社，1998 年。

"曰"、读为"温"的字,原简牍字形作:☒(该简第24字)。

按,将该字摹释为"曰",于形不合;将之读为"温",于义难通。细察之,此字与《说文·须部》所收小篆字形的"☒(须)"、睡虎地简18·159的"☒(须)"、马王堆汉墓帛书·老子乙前第20行的"☒(须)"、马王堆汉墓帛书·纵横家书第132行的"☒(须)"、张家山汉简·二年律令第361号简"须其傅"的"☒(须,该简第35字)"、张家山汉简·二年律令第376号简"须遗腹产"的"☒(须,该简第8字)"相似;而将字形下部的"人"写偏,且构件"人"的撇画与左边表示胡须的"彡"的第三笔重合(共享一笔),以致难以识别;① 总之,第35号简第24字应释为"须"。就词义文义而言,"须"是等待的意思,《篇海类编·身体类·须部》:"须,待也。""静身须之"指安静地等待;正与下文"曰待赢"文义贯通。

7. 三号汉墓竹简"医书"乙卷第29号简:"九激(窍)不通"。整理者释为"通"的字,原简牍字形作:☒(该简第20字)。

按,整理者将此字释为"通";甲骨文的"通"字多从"用":☒(京津3136),金文的"通"字或从"彳":☒(九年卫鼎),从小篆开始基本上固定为从辵、从甬:☒(说文·辵部)、☒(纵横家书第12行)、☒(武威汉代医简第27号简第18字),我们要讨论的字形"☒"与这些古文字字形不类;而与马王堆汉墓帛书·战国纵横家书第46行的"☒(道,该行第34字)"、马王堆汉墓帛书·五十二病方第252行的"☒(道,该行倒数第16字)"字形相同;当为"道"字。就词义文义而言,《说文·辵部》:"道,所行道也。从辵,从首。"《说文·辵部》:"通,达也。从辵,甬声。"显然"通"的"通达"义契合文义,这里"道"是"通"的讹别字;恐是因"道"比"通"常用,故将"通"错写为形近的"道"。"医书"乙卷第29号简的这句话当释为:"九激(窍)不道〈通〉",指口、双眼、双耳、双鼻、前列腺、肛门等九窍不畅通。

三号汉墓竹简"医书"乙卷第28号简:"疾使内,不能道,产病出汗揣(喘)息,中烦气乱。"整理者释为"道"的字,原简牍字形作:☒(该简第8字)。三号汉墓竹简"医书"乙卷第29号简:"强用之,不能道,

---

① 刘玉环:《追溯笔程——考释简帛文字的一种方法》,《文山学院学报》2011年第5期。

产痤瘇（肿）橐。"整理者释为"道"的字，原简牍字形作：⿺ （该简第 8 字）。

按，整理者将这两个字释为"道"是符合原简牍字形的；但就文义而言，正字应为"通"。这两个句子中的"通"也都是通畅、顺畅的意思。《尔雅·释天》："四时和为通正。"郭璞注："通，平畅也。"邢昺疏："言上四时之功和，是为通畅平正也。"这里"道"也是"通"的讹别字。

总之，上列"医书"乙卷三句中的"通"都指身体上的通畅、顺畅。

8. 三号汉墓竹简"医书"乙卷第 50 号简："一曰俆（徐）息。"整理者摹释为"俆"、读为"徐"的字，原简牍字形作：⿺ （该简第 5 字）。

按，此字与三号汉墓竹简"医书"乙卷第 54 号简第 5 字的"俆（徐）"、第 54 号简第 11 字的"俆（徐）"、第 54 号简倒数第 7 字的"俆（徐）"、第 54 号简倒数第 1 字的"俆（徐）"不类，不当为"徐"字；而与睡虎地简 10·17 的"疾（疾）"、马王堆汉墓帛书·春秋事语第 58 行的"疾（疾）"相似，当为"疾"字；而且我们要讨论的第 50 号简第 5 字的右下构件明显为"矢"，和"徐"字的右下构件相比，缺少向左的一撇。就词义文义而言，《尔雅·释言》："疾，壮也。"郭璞注："壮，壮事，谓速也。"《广韵·质韵》："疾、急也。""疾息"指急速地呼吸；下文作"二曰椯（喘）息"，指大口大口地喘气；义相连属。可见，释为"疾"，更加契合文义。

（原载《昆明学院学报》2016 年第 1 期）

马王堆汉墓遣策名物考

一、"桂""完"的考释和"铜泡形饰"的实名

马王堆三号汉墓[①]简牍遣策第343号竹简共七个字（见图一），整理者释读为："单一繡平韋皃（貌）百"。释文只作隶定，没有任何解说。究竟"平韋皃"所指为何物，令人茫然。

第五个字原简文作：（为便于排版，下文出现的该字均用△1表示），整理者隶定为"韋"，韋字未见于历代字书。仔细分析原字形：上面的构件清晰可辨，为"圭"；下面的构件原释为"巾"，"巾"由三笔构成，而此构件分明有四笔，即横、竖、撇、捺，横提笔时带出一个弯钩，为使撇和捺书写得连贯，而将撇写为一提，捺不是向右写开，而是稍向左回笔，此构件当为"木"；整字当隶定为"桒"，即"桂"的异体字。

第六个字原简文作：（为便于排版，下文出现的该字均用△2表示），细察字形，我们认为当释为"完"，而非"皃"。此字共由七笔构成，即点、短竖、横弯钩、短横、短横、撇、长捺，其上部由一个"宀"和两横构成，而不是"白"。

总之，这两个字可释为"桂完"，这条遣策可读为"单一繡平桂完百"。

"桂完"所指为何物？我们认为应指桂圆。"圆"和"完"古音极近：圆是匣纽文部平声，完是匣纽元部平声，两者声、调同，韵为旁转。

马王堆二号汉墓出土的随葬品中，有26件半球形的装饰品，整理者称之为"铜泡形饰"（见图四）。发掘报告介绍说："出于腐朽了的棺内外。作半球形，胎极薄。可能是贴在内棺漆绘上的装饰品。径1.2厘米。"观察"铜泡形饰"的照片，发现其形状很像桂圆，桂圆的果实为球形，此物作半球形；此物既然是铜制的，制成之时必然是黄色，而桂圆壳呈淡黄或褐

[①] 湖南省博物馆、湖南省文物考古研究所编著（主编何介钧）：《长沙马王堆二、三号汉墓（第一卷田野考古发掘报告）》，北京：文物出版社，2004年7月。本文简称"马三"。

色;"铜泡形饰"有一面是平的(以便贴在内棺),所以称为"平桂圆"正合适。

该饰品取桂圆之形、之名,皆为吉利。"平"有太平、安吉之意;"桂"即"贵"(两者古音相近:"桂"见纽支部去声,"贵"见纽微部去声);"平桂圆"即"平贵完"。"平贵完"意在祈愿坟墓、棺椁和尸体保持完好。

二号墓出土的"平桂完"是铜制的,三号汉墓遣策记"单一繡平桂完",应该是用丝织品制作的,只是三号汉墓棺内仅存一副骨架,尸体其余组织以及棺内物品均已腐烂,其具体形貌我们无由得知。

总之,△1和△2两字,从简文字形分析,当隶定为"枼(桂)完"。整理者称为"铜泡形饰"的,汉代时人称为"平桂完"。由此也可窥见古人丧礼之一斑。

二、"奉"的考释和"镊"的实名

长沙马王堆一号汉墓[①]共出土竹简 312 枚,其中第 239 号竹简共四个字(见图二),整理小组释为:"大烛前二"。注释为:"前字左旁上半未详。《说文·刀部》前,从刀歬声,隶变作前,前即剪的本字。烛剪,夹烛烬用。"这枚遣策所记的"烛前",与该墓出土的哪种文物相对照,释文没有说明。

分析第三个字"奉"(为便于排版,下文出现的该字均用△3 表示)的形体结构,右边的构件与"刀"相去甚远,同批竹简 235 号中的"刀"作:刀,而我们从△3 中很难离析出构件"刀"。其左边也明显不是"歬",整理者也意识到这一点,所以采用摹形的方法,隶定为:奉,但奉不见于历代字书,其音、其义均不可知。

仔细观察△3 的字形,可以发现此字不是左边构件稍繁的左右结构;而是上中下结构,可释为"奉"。"奉"的小篆字形作:奉[②]。我们要讨论的字形将篆书屈曲的线条拉直;其上部的构件"丰"的第三道横画稍模糊,

---

① 湖南省博物馆、中国科学院考古研究所编:《长沙马王堆一号汉墓》,北京:文物出版社,1973 年。本文简称"马一"。

② (汉)许慎撰、(宋)徐铉校定:《说文解字》(附检字),北京:中华书局,2006 年重印。第 59 页。

且与中间的构件粘连；中间的构件"廾"稍有变形，与《马王堆汉墓帛书（叁）·春秋事语》第 66 行的"奉"：相比，△3 中的"廾"斜向下的两笔被拉长；下部的构件"手"穿过竖笔的两横笔的右边稍残；因其每个构件与标准字形相比都有轻微的变化，致使该字难识；因差别细微，我们不必使用摹形的方式隶定，可直接认同为"奉"。△3 与《马王堆汉墓帛书（壹）·老子乙本》① 第 215 行的：""和《张家山汉墓竹简·引书》② 第 21 号简的""相比，仅在中间多出一横，这恰是因为后两者最上面的构件"丰"有所简省。

总之，239 号竹简应该释为："大烛奉二"。那么"烛奉"为何物？

《说文解字·廾部》："奉，承也。"烛奉即烛承，也就是承烛，是用来插烛的，类似于后世的烛台。

马王堆一号汉墓出土的单层五子奁内有一物，整理者称为"镊"（见图三），据整理报告介绍，此"镊"是角质的，"镊片可以随意取下和装上，柄制作精细，并刻有几何纹。长 17.2 厘米。"

将其定名为"镊"是不合实际的，因为：该物是角质的，角坚脆而无弹性，将所谓的"镊片"（姑且这么称说）插好之后，用力捏压两"镊片"，只会将其折断而不可能夹起他物。角质物品怕火怕烧而不耐高温，用它"夹烛烬"就更加荒唐了。

该五子奁内另有刀、梳篦、茀等，均有简文与之对应：简 234"象刀一有鞞"，简 236"疏比一具"，简 240"茀二其一赤"。图三的这件角质物品应该就是简 239（"大烛奉二"）所记。出土一件，简文记作两件，这种现象在遣策中很常见。例如：简 179，简文斗巵二，实出一。简 180，简文七升巵二，实出一。简 182，简文记八，实出四。例不备举。

这个看上去像镊的物件就是简 239 所记的"烛奉"。此物上面尖尖的部分可以插烛；中间的部分刻有花纹，制作精细，使其具备晚上插烛白天摆放所需的欣赏价值；下面的两个分叉的长度和宽度均分别相同，且中间厚两边薄，插好后微微向外张开，可起支撑作用，是个支架。

"烛奉"一词未见于传世典籍。对同一种物体，不同时代或不同地域

---

① 国家文物局古文献研究室：《马王堆汉墓帛书（壹）》，北京：文物出版社，1980 年。
② 张家山二四七号汉墓竹简整理小组编：《张家山汉墓竹简［二四七号墓］》，北京：文物出版社，2001 年 11 月。本文简称"张"。

可能会有不同的叫法，许多特殊的称名并没有出现在传世典籍中，遣策恰好为我们保存了其中的一些资料。再如：简 281：熏大一素韗赤橼（缘）下。简 282：熏小一素韗缋橼（缘）下。这两支简所记的"熏"，一大一小，与出土文物对照，当即熏罩。北边箱出有竹熏罩两件，一大一小，罩周敷细绢，罩顶封锦，与简文基本符合。"熏"的叫法亦未见于传世典籍。

总之，△3 可释为"奉"。"烛奉"是可以插烛的角质架，即一号汉墓 441-13 所出，它集功用与艺术于一体，墓主珍爱有加，把它和自己的梳妆用具一起放置在五子奁内。

三、"穧"的考释和"饼状食物"的实名

长沙马王堆一号汉墓遣策第 123 号简共四个字，整理小组释为："卵穧一器"。其中第二个字原简文作：穧（为便于排版，下文出现的该字均用△4 表示）。整理小组注释为："第二字或释穧，穧当读为𪍿。《广雅·释诂三》：'𪍿，抟也。'又作䵤，《玉篇·黍部》：'䵤，粘饭也。'卵穧即加鸡蛋的粘米饭。"另第 124 号简"卵穧笥三合"，整理者释为"穧"的字，原简文字形作：穧。第 123 和第 124 号简的第二个字显然是同一个字。

从字形分析，此字左边的构件为"米"是毫无疑问的。此字右边的构件当为"齐"，字甚草省；但与张·奏 18·13 的"齐"：齐相比较，很容易发现两者字形上的联系。马三·图版 90 木牌上的此字是上下结构：穧，其构件"齐"则清晰可辨。有时"齐"做构件讹省更为严重，例如张·算 38·27 的䉛（齌）字所从。

故待考字可隶定为"穧"，读为"粢"。"齐"和"次"古音相近（"齐"是从纽脂部去声，"次"是清纽脂韵去声），作声符可互换使用，再如：齌，从禾、齐声。粢，齌或从次①。"穧"和"粢"为异体关系，卵穧即为卵粢。《说文解字·食部》将"粢"看作"餈"的重文；《汉语大字典》："粢，米饼。同'餈'。"②可见，卵粢就是（鸡）蛋饼。

据马王堆一号汉墓的发掘报告，该墓出土盛粮食制品的器物，"出土

---

① （汉）许慎撰、（清）段玉裁注：《说文解字注》，杭州：浙江古籍出版社，1998 年。第 322 页。

② 汉语大字典编辑委员会：《汉语大字典（缩印本）》，湖北辞书出版社、四川辞书出版社，1992 年 12 月第 1 版，第 902 页。

时，器内大多有饼状或酱羹状食物遗存。"123 号和 124 号遣策的记录正与出土的"饼状食物"相对应，通过简文我们知道，这些"饼状食物"至少有一部分是（鸡）蛋饼，汉代时人称为"卵粲"。

四、"㚒"的考释和鹿㚒

马王堆一号汉墓遣策第 3 号简有四个字，整理者释为："鹿㚒一鼎"。其后注释："㚒，不识。"

第二个字原简文作：㚒（为便于排版，下文出现的该字均用 △5 表示）。我们认为这是"㚒"字，原字的下部多出两笔，稍稍写讹。甲骨文、金文和说文古文的"㚒"都是从厂、从矢：㐱（乙 948），㐱（保卣），㐱（说文古文）；从小篆开始在字的上部加"人"：㚒（说文·矢部），㚒（孙子 85），㚒（孔和碑）；而 △5 与《孔和碑》上的字形十分接近。《说文·矢部》："㚒，春飨所躲㚒也。从人，从厂，象张布，矢在其下。"《字汇·矢部》："㚒，古侯字。"这里的"㚒"当读为"喉"，"鹿喉"指鹿的喉部的脆骨。

马王堆一号汉墓出土大量盛有肉食品的竹笥，所盛放的肉食已经腐朽不存，仅存有残骨，其中就有鹿盆骨，可见鹿是当时较为常见的珍馐佳肴。现在猪喉是活跃在人们餐桌上的美味，想必鹿喉更是美食中的珍品。

五、小结

△1 下面的构件书写草率，仔细分析每个笔画的笔势，得以释为"木"，整字无疑是"枽（桂）"。△2 上部的笔画粘连，使其与"兒"字形接近。就书写者而言，这无论如何不能称为错字；却给读者尤其是去古已远的今人增加了识读的难度。

△3 字形稍讹，致使该字不识；但比较其他秦汉简帛资料，很容易发现此字与正字"奉"在字形上的联系。

△4 的构件"齊"笔画简省、变形，致使原考释不当，其实只要找到待考字和与之相应的标准字形之间的联系，释出不难。

△5 的下部增加了饰笔，恐是书写者为使字形匀称美观而误增了一撇一捺两个笔画，这种变化使字形陌生难识。我们顺着字义文义规定的方向，沿着字形线索，找到与之对应的正字，从而释出该字。可见头脑中有

讹字的观念，有利于我们释读古文字。

这些字出自"遣策"，遣策是随葬品的记录，将遣策中的文字与随葬器物两相对照，对简文的辨识考释和出土文物的定名都很有帮助。现代人对于出土文物的命名，可适当结合遣策，参考当时人的称名。

图一　马三·遣策·343　　　　图二　马一·竹简239

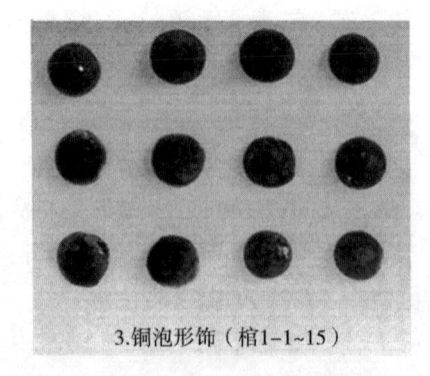

图三　马一·角镊　　　　图四　马二·铜泡形饰

（原载《西南学刊》第3辑，云南人民出版社，2012年）

读《张家山汉墓竹简［二四七号墓］》札记

《张家山汉墓竹简［二四七号墓］》[①] 收录竹简1236枚（不含残片），内容包括历谱、《二年律令》《奏谳书》《脉书》《算数书》《盖庐》《引书》、遣策等。本文在张家山二四七号汉墓竹简整理小组及时贤考释的基础上，就文字释读方面提出几点自己的想法，以就教于方家。

1.《二年律令》317号简："卿以上所自田户田，不租，不出顷刍稾。"第5、第6个字，整理者释为"自田"，原简文字形作：▨、▨。

按，整理者将第5、第6个字分别隶定为"自"和"田"，是符合原简文字形的。王彦辉等在《对〈二年律令〉有关土地、田赋、继承制度中几则释文的思考》一文中提出"卿以上所自田户田，不租，不出顷刍稾"的句意当为：卿级爵位以上者户内经营的户田，不出田租，不出刍、稾税。即认为第一个"田"字名词动化为耕种之义。[②] 按，户田本来就指国家按制授予的田，优免的范围也以此为准，没有必要再限定"户内经营"。《张家山汉简〈二年律令〉校读记》一文指出："或疑'自'字为'占'字之误，因为二字字形极为相似。"按，将"自"读为"占"，"占田户田"文义仍然不顺。

我们认为第五个字为"自"不误，第六个字"田"当为"占"的误字，疑涉下文"户田"的"▨"而将"占"错写成"田"。即整句释为"卿以上所自田〈占〉户田"。"占"指观察、调查，《广雅·释言》："占，瞻也。"[③] 这里指测量，"自占"指自己测量上报。《墨子》："度食不足，令民各自占家五种石斗数。"总之，"卿以上所自田〈占〉户田，不租，不出顷刍稾"的句意应为：卿以上的官吏自己测量上报户田，不出田租，不出刍、稾税。这条律文是对具有卿级以上爵位者的田税的优免规定。

2.《二年律令》354号简："禀䵖米月一石。"其中第38个字，原简

[①] 张家山二四七号汉墓竹简整理小组编写：《张家山汉墓竹简［二四七号墓］》，北京：文物出版社，2001年。

[②] 参见王彦辉、薛洪波、刘举：《对〈二年律令〉有关土地、田赋、继承制度中几则释文的思考》，《东北师大学报（哲学社会科学版）》2008年第4期，第88页。

[③] 观察的意义是从"占"的本义"占卜"义引申出来的。

文字形作：■，整理者释为"鬻"。其后注释："鬻，疑应作'鬻'，读为'鬻'。《汉书·文帝纪》'今闻吏禀当受鬻者，或以陈粟。'注：'禀，给也。鬻，淖糜也。给米使为糜鬻也。'"

按，整理者用摹形的方式隶定为"鬻"，不当。此字是上下结构，不是上中下结构。上部左边的构件为"弓"，上部右边的构件是一反"弓"，上部中间的构件为"米"，三者合起来即为"粥"字；下部为"鬲"，与奏谳书23号简的■（瀹）字中的构件"鬲"相似；整字■就是"鬻"字。这个字形与通行体的"鬻"相比，在写法上有所变形：首先，两边"弓"的最后一笔稍稍拉长形成半包围结构；其次，右边反"弓"中间部分的笔画粘连在一起，致使看上去似"瓜"字；再次，构件"鬲"的下部有些模糊。该字整体变形、模糊，致使整理者考释错误。总之，此字可直接释为"鬻"，不是讹错字①。

3.《二年律令》486号简："畴尸、茜御、杜主乐皆五更，属大祝。"该简第3个字，原简文字形作：■，整理者释为"茜"，其后注释："茜，《说文》：'礼祭，束茅加于祼圭而灌鬯酒，是为茜，象神歆之也。'茜御，应为执行此种仪式的人。"

按，整理者楷定为"茜"，不当。从字形看，此字下部明显不从"西"，而从"酉"。当隶定为"茜"。从文义看，茜指用酒灌注茅束以祭神。注释中的"茜"也当为"茜"，《说文》"礼祭"等解释的是"茜"字。总之，释文及注释中的"茜"都当为"茜"，恐是排版错误。

4.《奏谳书》216号简："不智（知）去故。"第11个字整理者原释为"去"，其原简文字形作：■。

按，整理者释为"去"，不当。"去"的古文字形作：■（佚382）、■（中山王鼎）、■（说文小篆）②；"云"的古文字形作：■（存下956）、■（说文·雨部古文）③。我们要讨论的■字明显继承了《说文·雨部》所收的古文"雲"字④的字形结构，即该字当释为"云"。

---

① 讹错字是讹字的一种，指将字写得不成字。
② "去"的古文字形转引自《汉语古文字字形表》，第191页。参徐中舒：《汉语古文字字形表》，成都：四川人民出版社，1981年。
③ "云"的古文字形转引自《汉语大字典（缩印本）》，第161页。参汉语大字典编辑委员会：《汉语大字典（缩印本）》，湖北辞书出版社、四川辞书出版社，1992年。
④ 表示云彩义时，"云"是"雲"的古字，后来"雲"又简化为"云"。表示说话义时，始终使用字形"云"。另，正文使用简体，可能产生混淆时使用繁体。

就文义而言，其上文作："走马仆诣白革鞭（系）绢，曰：公士孔以此鞭予仆，不智（知）安取。孔曰：未尝予仆鞭"。若释为"去"，"不智（知）去故"于义难通；释为"云"，"不智（知）云故"意为"不知这么说的缘故。"正与上下文文义相合。

5.《奏谳书》216 号简："举闒以婢北（背）刀入仆所诣鞭中，衹。"该简第 25 个字，原简文字形作：（字形），整理者释为"祇"。其后注释："祇，《左传·僖公十五年》注：适也。"

按，整理者释为"祇"，但原简文字形明显从"衣"，此字当为"衹"字①。释文后面的注释亦误，《左传·僖公十五年》："晋未可灭，而杀其君，衹以成恶。"杜预注："衹，适也。"总之，释文及注释中的"祇"都当为"衹"。恐是排版错误。

6.《脉书》52 号简："凡征五，一征见（现），先〈无〉活人。"该简第 18 个字，原简文字形作：（字形），整理者原释为"活"。

按，从字形看，此字当为"沽"字，应是讹别字②，正字当为"活"，释文应作："先〈无〉沽〈活〉人"。整理者直接释为"活"，与简文字形不符。

7.《算数书》27 号简："其术曰：下有少半，以一为六，以半为一〈三〉，以少半为二，并之为廿三，即值（置）一数。"该简第 8 个字，原简文字形作：（字形），整理者原释为"一"。

按，此字与《算数书》26 号简第 42 字的"一"不类，而且释为"一"于义难通。细察字形，当为"人"字（左边的撇磨灭，但依稀可辨）；人指每人；"值"无须读为"置"。原简文可释为"并之为廿三，即值人数"，句意为：合起来为二十三，就是每人应得的数。

8.《算数书》48 号简："曰：二斗三〈五〉升十一分升八〈七〉。"该简第 15 个字整理者原释为"三"，读为"五"；原简文字形作：（字形）。

按，此字原不清晰，细察图版，发现其中间原先就有一贯通的竖笔，此竖笔下部模糊且倾斜；右下的竖笔依稀可辨；整字当直接隶定为"五"。该段释文应为："曰：二斗五升十一分升八〈七〉。"

---

① 偏旁"衣"右上方有一点，是抄手在抄写的过程中无意间落笔而成，不是构成字符的笔画。

② 我们把简帛中出现的错别字称为讹字，分讹别字（将一个字错写成另一个字）和讹错字（将字写得不成字）。

9.《算数书》83号简："得田〈曰〉。"该简第22个字，整理者释为"田"，读为"曰"；原简文字形作：▨。

按，此字磨灭不清，仔细观察，它与《算数书》第83号简第30字的 ▨（曰）字形相同，当为"曰"字，不是"田"字。原简文书写正确，不是讹别字。释文当为："得曰"。

10.《算数书》第173号简："步五〈一〉百卌〈廿〉一。"该简第二个字，整理者原释为"五"，读为"一"；其原简文字形作：▨。

按，细察此字，第一横笔两侧有向上的笔画，两横笔之间没有交叉的笔画；所以不为"五"字，而是"之"字。原字"之"即为正字，在这里做代词，指代用"步"测量的对象。此句应释为：步之百卌〈廿〉一。意为：迈着步子量，共一百二十步。从文义看，正字不应当为"一"，因为按照古代汉语的语言习惯，"百""千""万"前的整数若为"一"，"一"常常省略。

11.《算数书》174号简："同之［二］于〈千〉二百八十三以为法。"整理者释为"于"的字，原简文字形作：▨。整理者在其后注释："据文义，'之'下脱'二'字。"

按，整理者释为"于"、读为"千"的字实际上是"二千"两字；从字符所占的面积来看，一个字符不会写得那么长；细察图版，上面的两横笔即构成"二"字；下面的"千"字稍模糊，但一撇一竖一横的笔画依稀可辨。总之，简文中原有"二"字，无须补"二"；"千"字不误。此句当释为："同之二千二百八十三以为法。"原简文残泐模糊，致使整理者考释错误。

12.《算数书》176号简："三分为八百卅〈卌〉。"该简第25个字，整理者释为"卅"，读为"卌"，原简文字形作：▨。

按，原简文字形模糊，清晰可见的是三道竖画；最右边的第四笔竖画模糊；从竖笔在横画上的分布来看，此字当为"卌"；不为讹别字。此句释文当为："三分为八百卌。"

13.《盖庐》第46号简："吾欲杀其害民者，若何？"整理者释为"杀"的字，原简文字形作：▨。

按，此字明显是一个左右结构的合体字，右边的构件是"攴"，常隶定为"攵"。左边的构件和诅楚文中的"▨（求）"及二年律令141号简的"▨"（求）形体相同，"求"字的字形发展脉络十分清晰：▨（君夫簋）、

🗡（说文·裘部古文）、🗡（老甲后464）。总之，我们要讨论的"🗡"是左边从"求"、右边从"攴"的合体字，应该就是"救"字。另，此字与《盖庐》49号简"此十者，救民道也"的"🗡（救）"和《盖庐》54号简"此十者，救乱之道也"的"🗡（救）"形体相同；而与《二年律令》141号简"以短兵杀伤其将及伍人"的"🗡（杀）"字形不同；所以我们要讨论的字形当为"救"字。

整理者将此字释为"杀"，恐是受文义的影响，以为"害民者"当"杀"。实际上，对于害民者，根据其罪行轻重，应有不同的处理方式，不能一概杀之；释为"杀"，用杀戮义来理解原文，太狭隘了。若以"救"读之，"救"在这里和《盖庐》54号简"此十者，救乱之道也"的"救"同义，都是"止"的意思。《说文·攴部》："救，止也。""吾欲救其害民者，若何？"意为："我打算制止那些危害老百姓的人，该怎么办呢？"文义通畅。

14.《引书》第68号简："信（伸）臂，以力引之。"第25个字，原简文字形作：🗡，整理者原释为"之"。

按，"之"的写法通常作：🗡（《引书》68号简"力引之"），🗡（《引书》36号简"引之之方"）；而前文有"引心痛"，其中的"心"作：🗡（《引书》67号简第3字），此正与我们要讨论的《引书》68号简的🗡字形相同。总之，我们要讨论的字形显然是"心"字。

从上下文文义看，正字当为"之"，是代词，表示"引"的对象。此处"心"是"之"的讹别字，因形近而讹。释文当为："信（伸）臂，以力引心〈之〉。"意为："伸开胳膊，用力牵拉胳膊。"

15.《引书》第81号简："在右颊，引之如左。"第20个字，原简文字形作：🗡，整理者释为"在"。

按，从文义看，前文说"在〔左〕颊"，此处说"在右颊"，正可对应。从字形看，此字与《引书》81号简的🗡（在，该简第3个字）字形不同，与《引书》81号简的🗡（左，该简第26个字）字形相同，所以该字当为"左"字。"左"是"在"的讹别字，按照此书凡例，释文当为"左〈在〉右颊"。

（原载日本《中国语研究》第54号，2012年）

张家山汉简《奏谳书》《引书》释文订补

《张家山汉墓竹简［二四七号墓］》①的出版为学术界提供了一份质量很高的研究资料。在研读该书的过程中，我对《奏谳书》和《引书》的文字释读产生了几点看法，提出来以就教于方家。

1.《奏谳书》第88号简："信有侯子居洛阳杨里。"整理者释为"有"的字，原简文字形作：䚻。

按，整理者释为"有"，误。从字形分析，此字是一个左右结构的合体字，左边的构件为"言"，右边的构件为"者"，整字当为"诸"；《奏谳书》第90号简"非诸侯子"的"诸"作：䚻，两者显然是同一个字；而我们要讨论的第88号简的"䚻"字结构紧凑、笔画粘连模糊，左边构件"言"下面的"口"省为一横，致使竹简整理者误释。

就文义而言，该句出现的上下文为："苍、信、丙、赘皆关内侯，信有侯子居洛阳杨里，故右庶长，以坚守敖（荥）阳，赐爵为广武君，秩六百石；苍壮平君，居新郪都隐（？）里；赘威昌君，居故市里；丙五大夫，广德里；皆故楚爵，属汉以比士，非诸侯子。"② 若依整理者的考释，将"䚻"释为"有"，"信有侯子居洛阳杨里"意为"信（人名）有个做诸侯的儿子居住在洛阳杨里"，于文义似乎可通，实则不然；因为此句的上文说"苍、信、丙、赘皆关内侯"，此句的叙述对象当为"信"，而不是"信之子"；若将"䚻"释为"诸"，该句释读为："信，诸侯子，居洛阳杨里"，意为："信是诸侯的后代，居住在洛阳杨里"，文义贯通。此句的下文接着叙述苍、赘、丙的官职和居住地，并说他们"非诸侯子"，即不是诸侯的后代。"信诸侯子"是判断句，"非诸侯子"是省略主语（苍、赘、丙）的否定形式的判断句，两者可相比照。

2.《奏谳书》第170号简："君今旦必游而炙至，肉前，炙火气□人而暑，君令人扇，而髪故能蜚（飞）入炙中。"整理者释为"肉"的字，原

---

① 张家山二四七号汉墓竹简整理小组编写：《张家山汉墓竹简［二四七号墓］》，北京：文物出版社，2001年。
② 释文依原书《张家山汉墓竹简［二四七号墓］》中整理者的释读，下同。

简文字形作：⿰。

按，此字部分笔画磨灭不清，但依稀可辨应为"于"字。"肉"字左边的一撇通常稍短于右边的横竖弯钩，且横竖弯钩中上边的横笔稍平，例如《奏谳书》第 164 号简的"肉"作：⿰（该简第 9 字）、⿰（该简第 26 字）。而我们要讨论的字形左边的撇明显长于右边的竖弯钩；且右边不是横竖弯钩一笔，而是一撇和一横竖弯钩两笔；与《奏谳书》第 185 号简的"于"：⿰（该简第 36 字）字形相同。我们要考释的字形"⿰"，第一笔即最左边的撇折磨灭，第三笔短撇稍不清且与第二笔长撇相接，正是这两个原因致使整理者将"于"误释为"肉"。

从词义文义看，此字原释为"肉"，似乎可通。其实"肉"在古代汉语中通常指生肉；熟的肉，依据不同的烹制方式而有不同的称谓，比如烤制的肉称为炙，煮的带汁的肉称为羹，做成熟肉酱称为胹，等等[①]；也正是这个缘故，前后文均称炙，不称肉。将《奏谳书》第 170 号简的"⿰"释为"于"；"必"指必定，是表示比较肯定的猜测语气的副词，游泳是说话人推测的，而"炙至"则是已知的事实，无须推测，因此应该在"而"前断句；同时将"至"后的句读去掉。整句的句读和释文调整为："君今旦必游，而炙至于前"。句意为："您今天早上一定去游泳了，当烤肉端到您面前。"文义畅通。

另，下文有"君复置炙前，令人道后扇"的句子，则将"前"字前面的"于"省去，"前""后"是方位词，与之搭配的介词可以省略。此句意为"您又让人在您面前放上烤肉，命令仆人从后面扇风。""君复置炙前"与上文"炙至于前"正相呼应，可以作为我们上论的辅证。

3.《奏谳书》第 213 号简："衣故有带、黑带。"该简第 8 个字整理者原释为"有"，其原简文字形作：⿰。

按，从字形看，此字为"布"，不为"有"。下文"带有佩处而毋佩也"的"有"作：⿰（此字左右有晕开的墨迹），《奏谳书》第 215 号简"有罪"的"有"作：⿰，我们要讨论的字形与此二"有"字不类；而与马王堆帛书老子乙本卷前佚书第 12 行的"⿰（布）"字形相近；故我们要讨论的《奏谳书》第 213 号简的"⿰"当释为"布"。

[①] 肉指刚宰杀后没有经过加工的动物肉。将鲜肉加以整治，也就有了不同的称谓，比如剁成肉酱称为醢，晒成肉干称为脯或修。

从文义看，释为"有"似乎可通，其实不然。因为"带"和"黑带"是领属关系，即"带"是上位词，包括"黑带"，将两者并列，徒使语句重复，且不符合古人的行文习惯。释为"布"于义可通，"布"和"黑"分别从质料和颜色两个角度来限定"带"的性质①。"衣故布带、黑带"②意为：衣服本来佩有黑色的布腰带。

另，《奏谳书》第 90 号简"有䫴及它当坐者"，其中的"有"原简文字形作：⿰。从字形看，也是"布"字，这里"布"是"有"的讹别字，即正字当为"有"。该句释文当为"布〈有〉䫴及它当坐者"。

总之，"布"与"有"字形相近，常会出现错写或错释的情况。

4.《引书》第 37 号简："足不痿瘅〈痹〉。"③ 该简第 6 个字，原简文字形作：⿱（字形右侧的墨点是句读符号，与字形无关），整理者将之隶定为"瘅"，读为"痹"。其后注释："瘅，当为'痹'字之讹。"

按，整理者先作摹形隶定，然后用尖括号注出正字"痹"。《玉函山房辑佚书》引《仓颉篇》："痹，手足不仁也。"读为"痹"，于文义可通；但"痹"字与原简文在字形上的联系不够紧密。细察图版，构件"疒"清晰可辨；"疒"下的构件，其中两"口"很清楚，下部则因写讹而难辨，当不似整理者隶定得那么复杂，我们认为此构件当为"单"；恐因书写者所依据的底本不清晰，故将构件"单"的下部写讹。《广韵·寒韵》："瘅，风在手足病。"即手足风瘫。"瘅"所代表的词义契合文义，"足不痿瘅"意为"脚不会麻痹风瘫"。总之，《引书》第 37 号简的第 6 个字是将"瘅"的下部写讹后形成的错字，正字当为"瘅"；因字形的下部模糊难辨，且只是稍稍写讹，故可以直接认同为"瘅"字。④

《引书》第 36 号简："·病㾓（?）瘅·"。该简第 3 个字，原简文字形作：⿱。整理者将之摹形隶定为"瘅"，没有注出正字，也没有注释。

按，此字写得颇不成字，我们将之与《引书》第 37 号简的第 6 个字相

---

① 就"带"的质料而言，布带、皮带、丝带等在古代较为常见。
② 疑"故"后当加"有"字，恐因"有"和"布"字形相近而致漏写，即释文当为："衣故〔有〕布带、黑带"。省略谓语动词"有"也是可能的，且符合口语表达的经济原则。
③ 按照简帛整理类书籍的惯例，用尖括号表示正讹关系，即简文的误字，释文用〈 〉注出正字；假借字或异体字用圆括号注出通行字；原简文缺失而释文补出的字用方括号标明；下同。
④ 刘钊在《〈张家山汉墓竹简〉释文注释商榷（一）》中提出：注释所谓"痹"字之讹的那个字本从疾从单从土，应即"瘅"字的异体，字应释为"瘅"。"瘅"意指手足风瘫，按之简文，文义正合（《古籍整理研究学刊》2003 年第 3 期，第 2 页）。按，此字并非从疾从单从土，而是"瘅"字稍稍写讹后的形体，可以直接认同为"瘅"。

比较，发现两者形体相似，而《引书》第 36 号简的第 3 个字写讹的程度更甚于《引书》第 37 号简的第 6 个字。我们认为此字的正字也是"瘅"。

《引书》第 36 号简第 3 个字的前一个字，即第 2 个字的原简文字形作：，该字残泐殊甚，仅存留部分笔画，整理者原释为"瘘"，其后加问号表示不确定。我们将之与《引书》第 37 号简的"（痿，该简第 5 个字）"相比较，可以看出《引书》第 36 号简的第 2 个字也应是"痿"字。《引书》第 36 号简的这三个字当读为"病痿瘅"，其前后各有一黑圆点，是句读符号，前一圆点表示简文的开始，后一圆点与下文"引之之方"隔开，表示这三个字是一种病的名称。

36 号简和 37 号简合起来记录了一个方子："·病痿瘅①·引之之方，右手把丈（杖），乡（向）壁，毋息，左足踱（跖）壁，卷（倦）而休，亦左手把丈（杖），右足踱（跖）壁，亦卷（倦）而休。头气下流，足不痿瘅②，首不蹱（肿）肌，毋事恒服之。" 36 号简的"病痿瘅"与 37 号简的"足不痿瘅"前后照应，文义贯通。

另，《引书》第 29 号简的"瘅"作：（该简第 3 个字），《引书》第 33 号简的"瘅"作：（该简第 2 个字），这两个"瘅"字与《引书》第 36 号简第 3 个字和《引书》第 37 号简第 6 个字相似，可以在字形上辅证我们上面的观点。

5. 孟蓬生先生在《张家山汉简"去（盍）"字补释》③ 一文中指出："《张家山汉墓竹简·引书》中有'去卧'或'去伏'的说法"，他在文章开头列出三个句子：

（1）□，因呴（呴）之三十，去卧，据则（侧）精虖（呼）之三十，精呴（呴）之三十，精炊（吹）三十，端谈（倓），吸精气而咽之，膜少腹，以力引阴，三而已。（简 62，第 294 页）

（2）去卧，端俟，加两手枕上，加头手上，两足距壁，而贾（固）箸（著）少（小）腹及股䯒（膝）于席，三而已。去卧而尻壁，举两股，两手

---

① 原释文作："病瘘（？）瘅"。
② 原释文作："足不痿瘅〈瘅〉"。
③ 孟蓬生：《张家山汉简"去（盍）"字补释》，简帛网·简帛文库·汉简，2007 年 1 月 20 日首发。

絢（钩）两股而力引，极之，三而已。（简 75~76，第 295 页）①

(3) 因去伏，足距壁，固箸（着）少（小）腹及股卻（膝）于席。（简 72~73，第 295 页）

按，例（1）（2）（3）句中加点的字，原简文字形分别作：▨（简 62 第 7 字）、▨（简 76 第 1 字）、▨（简 72 第 32 字）。从字形分析，这三个字与简 72 第 10 字"去地尺"的"▨（去）"字形相同，隶定为"去"是正确的；就文义而言，使用"去"字，则讲不通；学者多从盖阙。孟蓬生先生赞同陈斯鹏先生的观点，认为"去"字实际上是"盍"字所从的声符，当读为"启阖"的"阖"字。陈斯鹏先生提出例（1）、例（2）的"去（阖）卧"意即紧着床席而卧；例（3）的"去（阖）伏"指紧着床席而伏。② 孟蓬生先生认为此字与"合"字相通（同源通用），其意义已由"闭阖"引申为"面朝下"；提出例（1）及例（2）的第一个"去卧"指身体面朝下取卧位。例（2）中第二个"去卧"当是"去立"之误。例（3）的"合伏"当是先"合"后"伏"，其实就是例（2）"去卧，端伏"的省略说法。③

显然"去"字不能契合文义；但认为"去"通"阖"，"阖"又与"合"相通，其说颇为迂曲。我认为原简文书写者将"合"错写成形近的"去"，即这里的"去"是"合"的讹别字④。"去"的古文字形作：▨（前 1·47·7）、▨（哀成叔鼎）、▨（说文小篆）。"合"的古文字形作：▨（河 702）、▨（秦公钟）、▨（说文小篆）。⑤ "去"与"合"古文字形相近，经常写混。通行本《老子》第三十二章"天地相合，以降甘露"，从文义看，应作"天地相去，以降甘露"，意为：天和地相分离，使甘露得以降落。通行本《老子》在流传过程中将"去"错写成"合"。而《张家山汉墓竹简·引书》则将"合"错写成"去"。

---

① 原《张家山汉墓竹简［二四七号墓］》一书中简 75 的图版缺失，释文部分依孟蓬生先生《张家山汉简"去（盍）"字补释》一文。
② 陈斯鹏：《张家山汉简〈引书〉补释》，《江汉考古》2004 年第 1 期。
③ 孟蓬生：《张家山汉简"去（盍）"字补释》，简帛网·简帛文库·汉简，2007 年 1 月 20 日首发。
④ 我们把简帛中出现的错别字称为讹字，分讹别字（将一个字错写成另一个字）和讹错字（将字写得不成字）。
⑤ "去"与"合"的古文字形转引自《汉语古文字字形表》，第 191 页和第 198 页。

"合"在古汉语中有合并、会合、靠近等意义,不烦举例;在我们讨论的三个句子中"合"指上身与下身尽量会合的动作。例(1)的"去卧"应释为"去〈合〉卧",与下文"据则(侧)"连属表意[1],"合卧据侧"指弯曲身子侧面躺着。"合"指上身与下身尽量靠近;这种姿势与下文表示肢体伸展的"端佽(身体端正、神态恬静地躺着)"相对。

例(2)的第一个"去卧"也应释为"去〈合〉卧"。整段话当为:"去〈合〉卧:端佛,加两手枕上,加头手上,两足距壁,而贾(固)箸(着)少(小)腹及股郄(膝)于席,三而已。"这里的"合卧"是对后面一系列动作的一个概括,应为这节体操的名称。其具体做法是:端正地趴在席上,双手放在枕头上,头伏在手上,两脚蹬住墙壁[2],头及前身尽量向上抬起,向后弯曲,小腹、大腿和膝盖紧贴在席上,之后头放回手上,然后再向上抬起,做完三次后停止。因前身向后弯曲时,是在尽力与下身靠近,所以称为"合"。

例(2)的第二个"去卧"若依孟蓬生先生的说法读为"去立",文义依然不通。此处"去卧"当为"仰卧"之误[3],"去〈仰〉卧而尻壁,举两股,两手约(钩)两股而力引",意为:仰面躺着,屁股顶靠在墙壁上,两腿贴着墙壁上举[4],两手勾住两大腿,用力向上拉前身。例(2)关于"合卧"的一套动作主要目的是伸展前胸和后背肌肉;"仰卧"的一套动作主要目的是伸展背部肌肉。

例(3)的"去伏"当释为"去〈合〉伏","合伏"与例(2)的第一个"合卧"意义相当。"合伏"也是牵拉前胸和后背肌肉的一套动作,即面朝下趴在席上,头及前身向上抬起(即"合");然后将头和前胸放下来(即"伏")。

《张家山汉墓竹简·引书》中另有"去立"和"去起"的说法:

(4)去立,夸足,以佛(俛)据地,极之,三而已。(简84,第296页)

---

[1] "据则(侧)"与"精虖(呼)之三十"于义不相连属,即"据则(侧)"后当有句读号与下文分开,该句释文应为"去〈合〉卧据则(侧),精虖(呼)之三十"。这样"精虖"一句与下文"精昫"句、"精炊"句整齐对称。

[2] "两脚蹬住墙壁",是为了防止脚和小腿跷起。现在的做法多是由另一人从后面压住双脚。

[3] 因"仰卧"与"去〈合〉卧"词义相关,前文又多次出现"去〈合〉卧",所以将"仰卧"错写成"去卧"。

[4] 两腿须紧贴墙壁,若牵拉时两腿离开墙壁就达不到锻炼效果了。

（5）是以必治八经之引，炊（吹）呴（呴）虖（呼）吸天地之精气，信（伸）复（腹）折要（腰），力信（伸）手足，軵踵曲指，去起宽壴，偃治巨引，以与相求也，故能毋病。（简104～105，第298页）

关于以上两例，陈斯鹏先生认为：例（4）的"去（阖）立"当指屈膝而立，成下阖之势；与简文他处数见的"端立"（指直立）相对。例（5）的"去"读为"阖"，是"去（阖）卧""去（阖）伏"的总括说法，与"起"相对连言；"宽壴"读为"宽袒"。① 孟蓬生先生认为例（4）的"去立"指"两腿相阖（合）"，与"夸足"（两腿张开）相对。例（5）中"去起"与"偃治"相对而言，"去"仍指"面朝下"，与指"面朝上"的"偃"相对。②

按，例（4）的"去"字下有一句读符号：，表示"去"在这里独立成句，这里的"去"也是"合"的讹别字。整句应释为："去〈合〉：立，夸足，以俯（俛）据地，极之，三而已。"意为："合：站着，两腿分立，俯身用手触地，做到极限，连做三次后停止。"这套动作就是我们现在所说的站立体前屈；而古人名之为"合"③。

例（5）"去起宽壴"的"去"原简文字形作：，隶定为"去"是正确的；这里的"去"也是"合"的讹别字；"去起"当读为"合起"。该句应释为："去〈合〉起宽壴"。"合起"意为"（平躺着）上身向上抬起，使上身与下身相合"。"宽壴"意指"身体张开平躺下"。"合起宽壴"就是我们现在所说的仰卧起坐。

总之，《张家山汉墓竹简·引书》上面五例中的"去"都是"合"的讹别字。合，《说文解字·亼部》："合口也。"④ 合由闭合、合拢之义，引申为聚合、合并等义。在《引书》中与"卧""伏""立""起"组合，具体指上身与下身靠近的动作。

6.《引书》第111号简："阖五藏（臟），逢（？）九窍。"该简第30个字，原简文字形作：，整理者将之释为"逢"，后加问号，表示不确定。

---

① 陈斯鹏：《张家山汉简〈引书〉补释》，《江汉考古》2004年第1期。
② 孟蓬生：《张家山汉简"去（盍）"字补释》，简帛网·简帛文库·汉简，2007年1月20日首发。
③ 这套动作的要领是上身下弯，好像上身与下身合并在一起（即"合"）。"合"就是这节体操的名称。
④ （汉）许慎著、（宋）徐铉校定：《说文解字（附检字）》，北京：中华书局，2009年。

按，从字形看，此字与马王堆汉墓帛书《老子》甲本第36行的"[图](逢)"和《说文·辵部》的"[图](逢)"字形相近；从辵、从夅，当为"逢"字。但就文义而言，释为"逢"于义难通，我们认为这里的"逢"是讹别字，正字当为"达"，达是通的意思，《说文·辵部》："达，行不相遇也。从辵、羍声。《诗》曰：'挑兮达兮。'""达九窍"指通九窍。达的古文字形作：[图]（保子达簋）、[图]（说文·辵部）、[图]（泰山刻石）、[图]（马王堆汉墓帛书《老子》甲本前佚书第207行第19字）；"达"与"逢"字形相近，《引书》第111号简的书写者将"达"错写成"逢"。该句释文应为："阖五藏（臟），逢〈达〉九窍。"意为：顺和五脏，畅通九窍。

（原载台湾《中国文字》第38辑，2012年）

《尹湾汉墓简牍》释文商兑

1993年江苏连云港东海县温泉镇尹湾村出土木牍24方和竹简133枚，其内容包括《集簿》《东海郡吏员簿》《东海郡下辖长吏名籍》《东海郡下辖长吏不在署、未到官者名籍》《东海郡属吏设置簿》《武库永始四年兵车器集簿》《赠钱名籍》《神龟占、六甲占雨》《博局占》《元延元年历谱》《元延三年五月历谱》《君兄衣物疏》《名谒》《元延二年日记》《刑德行时》《行道吉凶》《神乌傅（赋）》，共4万余字。1997年《尹湾汉墓简牍》出版，引起了学术界的极大关注，这批简牍对于研究汉代历史、地理、军事、文学、术数、职官制度、书籍制度等具有极其重要的价值，而简牍字词的释读是一切研究的基础，本文就此提出十一点自己的看法，以就教于方家。

1. 尹湾6号汉墓第3木牍反面第3栏第5行："阴平尉山阳郡薄毛云故有秩以功迁"。整理者释为"毛"的字，原简牍字形作：![字形]。①

按，就字形而言，此字与《说文·中部》小篆字形的"屮（屯）"、《马王堆汉墓帛书（壹）·老子乙本及卷前佚书》第112行上的"屯（屯）"、《马王堆汉墓帛书（肆）·五十二病方》第235行的"屯（屯）"、《居延新简——甲渠候官》破城子房屋16第44号简第19字的"屯（屯）"、《武威汉简·甲本泰射》第75行第39字"純（纯）"所从的"屯"、《鲁峻碑》的"屯（屯）"和《曹全碑阴》的"屯（屯）"字形十分接近；而与《说文·毛部》小篆字形的"毛（毛）"形体有别；应是"屯"字隶书的写法。该字上端与其上一字"薄（薄）"中构件"寸"下部的弯钩相连，故致误释。从词义文例看，该行木牍的前后文都是：某尉（或某丞，指现任的某地某官职）某郡（籍贯是哪个郡）某（比郡小的行政单位，比如某邑、某等）某（人名），即构成"地名＋职官＋郡名＋郡下属的地名＋人名"的格式。例如：①阴平丞沛郡沛庄敞故有秩以功迁。②建陵相山阳郡单父曾圣故郎中以功迁。③建陵丞京兆尹南陵盛咸故郎中以功迁。例不备举。总

---

① 连云港市博物馆、中国社会科学院简帛研究中心、东海县博物馆、中国文物研究所：《尹湾汉墓简牍》，北京：中华书局，1997年。

之，"屯"指屯子、村庄，"薄屯"应是山阳郡下属的地名；下一字"云"是人名；若释为"毛"，文义难通。

2. 尹湾 6 号汉墓第 3 木牍反面第 3 栏第 15 行："故□事□廪丘右尉。""事"前一字整理者未释，原简牍字形作：▨（该行第 12 字）。"廪"前一字整理者未释，原简牍字形作：▨（该行第 14 字）。

按，此二字原简牍字形均不清晰。细察我们要讨论的"▨"，应是个左中右结构的合体字，最左边的构件不清晰，中间的构件依稀可辨为"言"，右边的构件依稀可辨为"犬"，整字当为"狱（繁体作：獄）"。"事"当读为"史"，古"事""史"常通用，不烦举例。"狱史"指决狱的官。《汉书·路温舒传》："稍习善，求为狱小吏，因学律令，转为狱史，县中疑事皆问焉。"《汉书·丙吉传》："治律令，为鲁狱史。"另，这一官职在第 2 片木牍中多次出现，都作"狱史"；其中的"狱"字作：▨（第 2 木牍正面第 6 行）、▨（第 2 木牍正面第 8 行）、▨（第 2 木牍反面第 10 行），例不备举，可为印证。

"廪"前一字的左边残泐，参考尹湾 6 号汉墓第 5 木牍正面第 2 栏第 2 行的"▨（并）"字，我们将之释为"并（繁体作：並）"。"并"指兼有，这里指一人身兼两职。《史记·田敬仲完世家》："御鞅谏简公曰：'田、监不可并也，君其择焉。'"

总之，第 15 行的这句话当释为："故狱事（史）并廪丘右尉。"指原先兼任狱史和廪丘右尉的官。

3. 尹湾 6 号汉墓第 4 木牍第 2 栏第 13 行："□谭。""谭"前一字整理者未释出，其原简牍字形清晰，作：▨。

按，从该字出现的位置看，应指某一姓氏。就字形而言，此字与马王堆一号汉墓第 88 号简"逦（匦）"字所从的"虎"形近，与晋辟雍碑"▨（彪）"字所从的"虎"形体相似。"虎"本来是个象形字：▨（召伯簋），字形发展到小篆、隶书，已失去象形意味：▨（说文·虎部）、▨（张·盖 17）、▨（熹·易·革）、▨（流·屯十七 34·3）、▨（流·屯十九 25·3）、▨（魏王基残碑）。而我们要讨论的"▨"字将"虎"的上部和中部稍稍写讹，遂使整字难识。"虎"作为姓氏，《风俗通》曰："汉有合浦太守虎旗，其先八元伯虎之后。"可见，正字为"虎"，契合文义。

另，天水放马滩秦简·乙种日书第 258 行："鼓□之男子。""之"前一字整理者未释出，其原简牍字形作：▨（该行第 12 字）。细察字形，我们认为也应当是"虎"字。"虎"前一字原简牍字形作：▨，整理者释为"鼓"，该字原不清晰，疑为"射"字。整句当释为："射虎之男子。"

4. 尹湾6号汉墓第9木牍反面第5栏第7行："病蒴引"。整理者释为"蒴"的字原简牍字形作：▨。

按，字书无"蒴"字，整理者只作摹形隶定，没有任何解说，实际上并未释出此字。仔细观察原简牍字形，此字右下的构件显然是"刃"，不是"力"；左下的部件也不是隶书"角"的通行写法；整理者通过摹形隶定出的字形不正确。我们认为此字和尹湾6号墓第9木牍正面第1栏第7行的"▨（前）"是同一个字，而我们要讨论的字上多出几笔杂乱的笔画：左下部件"肖"上的斜画，构件"刀"上的斜画。这究竟是书写者摹抄失误，还是其他非人为原因造成，难以确知。同批的其他木牍文字上也会出现多余的笔画，比如尹湾6号墓第9木牍反面第5栏第8行"▨（相）"字构件"目"下的竖笔。对于我们要讨论的尹湾6号墓第9木牍反面第5栏第7行的"▨"，我们可以直接认同为"前"，也可以先摹形为：蒴，再加尖括号注出正字"前"。就文义而言，此条木牍文字属于"博局占"中的"问病者"，内容是占卜病情的；此条与第八行中的"内外相引"均讲病情转化，都用了"引"字，"引"前面的字"内外""前"皆指部位，"病前引"指病症向前蔓延。

5. 尹湾6号汉墓第12木牍反面第1栏第7行："哈〈啥〉具"。整理者释为"哈"、读为"啥"的字，原简牍字形作：▨（该行第1字）。

按，整理者将之释为"哈"，后用尖括号标出"啥"，即认为"哈"是"啥"的讹别字，是正确的。《望堂·戚伯著碑》的"啥"作：▨，《银雀山汉墓竹简·守法守令等十三篇》903行"亲死不得含"的"含"作：▨（该简第17字），"啥"的构件"含"从"今"，与"哈"的部件"合"只相差一笔，但这一笔是区别"啥"字与"哈"字的关键性笔画，学者们称之为区别性笔画，这种笔画不是可有可无的，它关系到字位[①]的变化。而有些笔画不是区别性笔画，因它们的有无或变形而产生的新字形，可称之为字位变体，不是讹字。例如，尹湾简90～108多次出现"阴"字，作二形：▨（简103）、▨（简108），也都省去笔画，但因为简省后的写法不会与其

---

① 参李运富的《汉字形体的演变与整理规范》，《语文建设》1997年第3期。其文提出字位是记录特定词项的字形单位。又参廖新玲的《汉字的单位、分类及功能研究》，《文教资料》2009年1月下旬刊。汉字的单位就是汉字位（以下简称"字位"，grapheme）。字位是汉字最小的单位，它具有独立的形体、读音和意义，它的具体表现称为字位变体（allograph）。

他汉字发生混淆；且有语境（与"阳"放在一起使用）限制，不会引起歧义；即使没有上下文也能做到认同；所以不看作讹字。

整理者释为"具"的字，原简牍字形作：具。按，释为"具"，与原简牍字形相符；但"具"的所指面甚广，"晗具"究竟指什么，令人费解。其实，尹湾6号墓第12木牍正反两面都是记录随葬品的，木牍第1行所书的篇名为《君兄衣物疏》，我们这里讨论的第1栏第7行是其中一条。我们认为此处"具"是"贝"的讹别字，因"贝"与"具"形近而写讹。古代殡殓时有把米、玉、珠、贝等放到死者口中的风俗。《周礼·天官·玉府》："大丧共含玉。"《荀子·礼论》："饭以生稻，晗以槁骨。"杨倞注："槁骨，贝也。"《礼记·檀弓上》："饭用米贝。"《续汉书·礼义志下》："饭含珠玉。"殷商墓葬发现过死者含贝或玉片的，汉墓发现过含玉或铜钱的；这条木牍文进一步证实汉墓中也有含贝的。死者口中含贝应当是起源于以贝作为物品交换等价物（相当于后世的金钱）的时代，到了汉代贝已经不再担负等价物职能了，死后含贝的风俗却沿承下来。

总之，第7行的整句话当释为："晗〈含〉具〈贝〉"。

6. 尹湾6号汉墓第118号简："止（？）行胆腊，毛羽随（堕）落"。整理者释为"止"的字，原简牍字形作：（该行第21字）。"腊"前一字整理者只释出左半边，右半边未释出而用"□"代替，该字原简牍字形作：（该行第23字）。

按，"行"前一字，整理者原释为"止"，后加问号表示不确定，细察原简牍字形，当为"山"字。就词义文义而言，"止行"义不可通；"山行"指在山中行走，《史记·夏本纪》："陆行乘车，水行乘船，泥行乘橇，山行乘檋。"南朝谢灵运《初去郡》："登岭始山行，野旷沙岸净。"这里表示鸟在山中飞行。"腊"前一字，左边的构件为"月（'肉'隶变后混同为'月'）"是毫无疑问的；细察右边的构件，我们认为当为"光"；整字即为"胱"。《广韵·唐韵》："膀胱，胁也。""胁"又通"翕"，指敛缩。"腊"指皮肤干燥皲裂。第118号简的这句话当释为"山行胱（翕）腊，毛羽随（堕）落"，意为：在山里飞行鸟皮收缩皲裂，羽毛飘零坠落。

7. 尹湾6号汉墓第120号简："今子自己，尚可为士。夫悟知反，失路不远。悔过迁臧，至今不晚"。整理者释为"己"的字，原简牍字形作：己（该行第24字）。

按，将此字释为"己"，与原简牍字形相符；但"己"作为代词，表示第一人称,《玉篇·己部》:"己,己身也。"《尚书·大禹谟》:"稽于众,舍己从人。""今子自己"于义难通。我们认为此处"己"当读为"已",表示停止。《广韵·止韵》:"已,止也。"《诗经·郑风·风雨》:"风雨如晦,鸡鸣不已。"郑玄笺:"已,止也。""今子自已,尚可为士。"指现在你自己停止,还可以称得上君子。这样释读正与下文"夫惑知反,失路不远。悔过迁臧,至今不晚"语意贯通。

8. 尹湾6号汉墓第128号简:"几自(?)君子,毋信儳(谗)言"。整理者释为"自"的字,原简牍字形作: (该行第3字,此字形中间的竖笔不是构字笔画,而是竹简的裂纹,将之擦除后,原字形作:)。

按,整理者将此字释为"自"(后加问号,表示对所释不很确定)。利用笔程追溯法分析,此字上面的部件由两笔构成,即撇和横撇,应为构件"刀";此字下面部件的笔顺为:竖、横竖、横,当为"口";整字即为"召"。① 尹湾6号汉墓第129号简的"息"作: (该简第14字),其所从的构件"自"为: ,与待考字形明显不同。从文义来看,释为"自",于义难通;释为"召",整句即为"几召君子,毋信儳(谗)言","几"通"冀"(几和冀古音相同,都属见纽微部),指希望,"召"指召请,整句句意为:希望召请君子,不要听信谗言。从句式和修辞来看,前后两句结构对偶,第二句的第二字"信"为动词,若第一句与之相对的是代词"自",则不合对偶规律,若为动词"召",则正与"信"相对称。从语法来看,"几(冀)"是能愿动词,后面需要带上动词方可成句。总之,将此字释为"召",文义贯通。

9. 尹湾6号汉墓第129号简:"涕泣从(纵)横,长炊(?)泰(太)息"。整理者释为"炊"的字,原简牍字形作: (该行第12字,右边部件上的竖笔不是笔画而是裂纹,将裂纹擦除之后的字形作:)。

按,整理者将此字释为"炊",其后加问号,表示不确定。"炊"于义难通,此字当读为"歎"②。"歎"同"嘆",《集韵·寒韵》:"歎,太息也,或从口。""歎"表叹息的意义正合文义。因"歎"与"炊"形体相近而写讹。另有一种可能,此字左边不是"火",而是"茣"的简写、草写,即原

---

① 刘玉环:《追溯笔程——考释简帛文字的一种方法》,《文山学院学报》2011年第5期。
② 为论述方便,这里使用繁体,"歎"和"嘆(叹)"是异体字关系,与两者相应的简体字作"叹"。

简牍字形应为"欷（简体作：叹）"字；整句话当释为："涕泣从（纵）横，长叹泰（太）息。"

10. 尹湾6号汉墓第129号简："忧悉（懑）嘑〈唬〉呼，毋所告愬（诉）"。整理者释为"嘑"、读为"唬"的字，原简牍字形作：（该简第17字）。

按，整理者隶定为"嘑"，后用尖括号注出"唬"，表示"嘑"为"唬"的讹别字。"嘑"后来简化为"呼"；"唬"是"号（简体作：号）"的异体字。《说文·口部》："嘑，唬也。"《说文·号部》："号，呼也。或作唬。"据《说文》"嘑"和"唬"义近互训，所以不应看作正讹关系。实际上，仔细观察原简牍字形，我们要讨论的""左边从"口"、右边从"虎"，当为"唬"字。第129号简的这句话当释为："忧悉（懑）唬呼，毋所告愬（诉）。"

11. 尹湾2号汉墓第1木牍反面第2栏第6行："五采糸一橐"。整理者释为"采"的字，原简牍字形作：。尹湾2号汉墓第1木牍反面第3栏第9行："五采绢一橐"。整理者释为"采"的字，原简牍字形作：。尹湾6号汉墓第6木牍正面第2栏第12行："乘与五采羽三万一千六百五十八□"。整理者释为"采"的字，原简牍字形作：。尹湾6号汉墓第13木牍反面第4栏第4行："五采糸一具"。整理者释为"采"的字，原简牍字形作：。

按，整理者释读为"采"，没有解说或注释。《说文·禾部》："采，禾成秀也。人所以收，从爪、禾。"《广雅·释草》："粢、黍、稻，其采谓之禾。"王念孙疏证："俗作穗。"而上面四例中的"采"字总是与"五"连用，构成"五采"后加一个名词的结构；但实际上，作为"穗"异体字的"采"不会有这种用法；而"采"表示彩色（后作"彩"），常常与"五"连用，《尚书·益稷》："以五采彰施于五色，作服、汝明。"蔡沈《集传》："采者，青、黄、赤、白、黑也。"《礼记·月令》："命妇官染采。"郑玄注："采，五色。"可见，"采"在古书中指五种颜色，它常与"五"连用也就不足为怪了。总之，我们要讨论的四个字形同属一种情况：都应该用"采"，却写作"采"，应当看作讹别字。"禾"与"木"意义相近，作为构件经常混用；但在"采""采"两字中它们是区别性构件，写混则写别字。

另，《银雀山汉墓竹简（壹）·孙膑兵法》第 403 号简正面："贱令以采章"。整理者释为"采"的字，原简牍字形作：䆃（该行第 22 字）。按，整理者直接释为"采"；但此字下从"禾"，当为"䆃"字；从文义看，当用"采"；这里"䆃"也是"采"的讹别字。

［原载《宁夏大学学报（人文社会科学版）》2013 年第 3 期］

孔家坡汉简《日书》释文补说

湖北省随州孔家坡 8 号汉墓出土竹简近 800 枚，木牍四方，文字为墨书隶体。竹简可分为《日书》和《历日》两组；其中《日书》为一册，共有竹简 700 多枚；《历日》共有竹简 78 枚，缀合为 60 枚；木牍一枚，整理者拟定篇题为《告地书》，另 3 枚木牍无字。[①] 简牍字词的考释是一切研究的基础，本文在整理小组及时贤考释的基础上，就文字释读提出十三点自己的看法，以期更好地利用这批简牍资料。

1.《日书》第 53 号简："而可杀□"。"杀"后一字，整理者未释，原简牍字形作：▨（该简第 17 字）。其后注释："'杀'下一字疑为'犠'字。"《日书》第 54 号简："不可杀□"。"杀"后一字整理者未释，原简牍字形作：▨（该简第 24 字）。[②]

按，《日书》第 53 号简和第 54 号简中的这两个简书字形显然是同一个字。整理者怀疑是"犠"字，《说文·牛部》载："犠，宗庙之牲也。"[③]"牺"指古代供宗庙祭祀用的纯色牲；一般与动词"献"搭配，典籍未见"杀牺"的说法。就字形而言，我们要讨论的这两个字形与诅楚文中的"▨（牺）"、《说文·牛部》所收小篆字形的"▨（牺）"殊不类，将之释为"牺"缺少字形上的依据。[④]

笔者认为我们要讨论的字形是"马""牛"两字的合书。即上为"马"，因合书需要而改变其形体结构，与睡虎地简 25·44 的"▨（马）"、老子甲 52 的"▨（马）"、史晨碑的"▨（马）"、《熹·仪礼·既夕》的

[①] 湖北省文物考古研究所、随州市考古队编：《随州孔家坡汉墓简牍》上卷"随州孔家坡汉墓发掘报告"，北京：文物出版社，2006 年 6 月。

[②] 湖北省文物考古研究所、随州市考古队：《随州孔家坡汉墓简牍》，北京：文物出版社，2006 年。

[③]（清）段玉裁：《说文解字注》，杭州：浙江古籍出版社，1998 年。

[④] 王贵元先生在 2006 年 10 月 8 日首发于简帛网的《读孔家坡汉简札记》一文中认为："此字上从'美'、下从'牢'，当是'犠'字异体。"王先生在文中没有对该字字形做更详细的分析。从"美"从"牢"即为"牺"的观点，缺少令人信服的证据。

"馬（马）"相比，我们要讨论的字形将"马"下面的四点移到字形的中部，空出来的左下部接着写"牛"字，下面部分与昌鼎的"￥（牛）"、睡虎地简 25·44 的"￥（牛）"、武威简·少牢 33 的"￥（牛）"、武威医简 91 甲的"￥（牛）"字形接近。

就文义而言，它们出现在《日书》简中，作为"杀"的对象，在某些日子里可以被杀，在某些日子里不能被杀，可见其为与人们日常生活密切相关的想杀就杀的常见动物。且"马""牛"连用，常见于文献典籍。例如，《尚书·费誓》："马牛其风，臣妾逋逃，勿敢越逐……无敢寇攘，逾垣墙，窃马牛，诱臣妾，汝则有常刑。"《周礼·地官·司徒》："以时稽其夫家众寡，辨其老幼、贵贱、废疾、马牛之物。"《礼记·月令》："农有不收藏积聚者、马牛畜兽有放佚者，取之不诘。"《春秋左氏传·僖公四年》："君处北海，寡人处南海，唯是风马牛不相及也。"另，第 56 号简"马""牛"一起出现，不为合书，可为佐证。

2.《日书》第 54 号简："尾百事凶"。整理者释为"尾"的字，原简书字形作：㞑（该简第 1 字）。

按，整理者原释为"尾"，于文义难通。就字形而言，此字下面的构件明显不为"毛"，而与古匋中的"壬（壬）"、《说文·壬部》所收小篆字形的"壬（壬）"、《熹·春秋·昭十二年》的"壬（壬）"形体接近，当为"壬"；此字上面的构件为"亻"，与《说文》古文所收"𡰥（仁）"字上面的构件形体相同；整字当为"任"。整句话当释为"任百事，凶"，意为：负任事情，不吉利。

睡虎地简 15·101 的"任"作：任，汉印的"任"作：任，都是左右结构。而孔家坡汉墓简牍的书写者习惯将构件"亻"写作"尸"，置于其他构件之上。

再看《日书》第 288 号简第 1 栏，整理者释为："……丧，家门乃多恙；反（返），是主必剭（？)"其后注释："剭，疑为'剧'之异体。《广雅·释诂四》：'剧，伤也。'"整理者摹释为"剭"的字，原简牍字形作：剭（该栏第 11 字）。

按，构件"尸"和"厂"只是形体接近，并不存在义通同用的关系；所以"剭"和"剧"构成异体的观点并不可信。笔者认为此字上面所从当为"亻"，整字当释为"倜"，同"佽"。《说文·人部》："佽，安也。倜，俠或从刺。"我们要讨论的第288号简第1栏第11字与《说文·人部》所收小篆字形的"㑊（側）"相比，只是构件"亻"写法和位置的不同。第288号简的整段话当释为"……丧，家门乃多恙；反是，主必倒（俠）。"前句说"家门乃多恙"，"反是"指不这样，"主必倒（俠）"指屋主一定安康，前后两句的句意相反相成。这样释读，文从意顺。

3.《日书》第103号简："□生"。该简第1字整理者未释，其原简牍字形作：⿰。其后注释："'□生'写在一〇三号简首端，是原有的篇题。本篇以十二支与五行之水、木、火、金的生、壮、老三阶段相配，配置合于五行三合局。"

按，该字模糊不清，依据左边残留的笔画判断，当为"水"字，该简第3字（正文第1字）的"水"作：⿰，第105号简第21字的"水"作：⿰，可资比较。"水生"是原有的篇题，正文第一句话作："水生申壮子老辰"，这是取正文前二字为篇题。第105号简正文第一、第二个字为"五胜"，写在首端的篇题也为"五胜"，可为佐证。

4.《日书》第106号简："操土，北，裹以布。"整理者释为"裹"的字，原简牍字形作：⿰（该简第13字）。

按，细察简牍字形，其中间的构件为"里"，整字实为"裹（简体作'里'）"；应该是个讹别字，正字当为"裹"，因形近而写讹。武威医简第69号简"以絮裹药塞鼻"的"裹"作：⿰（第28字），其"裹"字就有些像"里"；可见"裹"和"里"形近易混。

5.《日书》第111号简第2栏："居四旬五日以丙午徙[南方]。"整理者释为"徙"的字，原简牍字形作：⿰（该栏第11字）。

按，释为"徙"，符合上下文文义。但就字形而言，原简牍字形不是"徙"字的标准写法，它与睡虎地简·秦律十八种162·7的"⿰（徙）"、睡虎地简·效律19·7的"⿰（徙）"、张家山汉简·二年律令350·10的"⿰（徙）"、张家山汉简·奏谳书18·18的"⿰（徙）"形体不同，而与睡虎地简·日书甲种90正·壹·13的"⿰（送）"、睡虎地简·秦律杂抄38·25的"⿰（送）"、张家山汉简·二年律令502·36的"⿰（送）"、张家山汉简·奏谳书18·23的"⿰（送）"、马王堆汉墓帛书（壹）·老子甲64·21的"⿰（送）"形体相近，疑为"送"字。

孔家坡汉墓其他简牍中的"徙"字不误，比如第112号简第2栏的

"徙"字作：▇（倒数第 2 字），第 113 号简第 1 栏的"徙"字作：▇（倒数第 1 字），第 114 号简第 1 栏的"徙"字作：▇（倒数第 1 字），可资比较。

6.《日书》第 135 号简第 1 栏："求反支日，先道朔日始，数其雌也。从亥始数，右行雄也。从戌先行。"整理者释为"雌"的字，原简牍字形作：▇（第 135 号简第 13 字）。整理者释为"雄"的字，原简牍字形作：▇（第 136 号简第 3 字）。刘增贵先生在 2007 年 8 月 2 日首发于简帛网的《"左右"、"雌雄"与"反"——孔家坡〈日书·反支〉考释》一文中提出：原释为"先"的字，实应为"左"字；并指出原释文存在标点错误，应句读为："求反支日，先道朔日始数：其雌也，从亥始数，右行。雄也，从戌始，左行。"①

按，第 135 号简第 13 字与马王堆汉墓帛书·老子乙前 112 上的"▇（雌）"、居延简甲 274B 的"▇（雌）"不类，而与马王堆汉墓帛书·老子甲 147 的"▇（雄）"、银雀山汉简·孙膑 156 的"▇（雄）"、礼器碑的"▇（雄）"、《熹·诗经·雄雉》的"▇（雄）"形体相近，当为"雄"字。据文义，正字当为"雌"。

第 136 号简第 3 字与"雄"的古文字形不类，而与马王堆帛书·老子乙 221 下的"▇（谁）"、郑固碑的"▇（谁）"字形相似，当为"谁"字。就词义义而言，此处的"谁"是"雄"的讹别字。《日书》第 460 号简"雌雄乃通"的"雌""雄"分别作：▇、▇，可资比较。②

整段话当释为："求反支日，先道朔日始数：其雄〈雌〉也，从亥始数，右行。谁〈雄〉也，从戌始，左行。"《淮南子·天文》："北斗之神有雌雄，十一月始建于子，月徙一辰，雄左行，雌右行。五月合午谋刑，十一合子谋德。"正可印证我们的考释。

7.《日书》第 179 号简："庚申、辛酉，沟河相去也。"整理者释为"沟（繁体作'溝'）"的字，原简牍字形作：▇（该简第 14 字）。

按，就字形而言，此字与《说文·水部》所收小篆字形的"▇（沟）"、

---

① "戌"后原图版有"始"字，王贵元先生在 2006 年 10 月 8 日首发于简帛网的《读孔家坡汉简札记》一文中已补出。

② 王贵元先生在 2006 年 10 月 8 日首发于简帛网的《读孔家坡汉简札记》一文中提出："释文'雌'图版似为'碓'，释文'雄'图版为'谁'。"与我们观点相似，可参看。

睡虎地简52·16的"▨（沟）"、马王堆汉墓帛书·纵横家书102的"▨（沟）"、史晨碑的"▨（沟）"不类；而与相马经76上的"▨（汉）"、流沙简·屯戍丛残9·4的"▨（汉）"、居延简甲359B的"▨（汉）"字形相近；当为"汉（繁体作'漢'）"字。

就词义文义而言，河指黄河，《说文·水部》："河，水。出敦煌塞外昆仑山，发原注海。"沟指水渠，《说文·水部》："沟，水渎，广四尺，深四尺。"整理者释为"沟"，以为水沟窄小，黄河宽袤，两者差别很大，可以形成对比。然而这里的"去"应该是离开、分离的意思，《说文·去部》："去，人相违也。"《日书》第179号简主要讲哪些日子不能娶妻，其上文作："丙申、丁酉，天地相去也"，天和地一上一下，相对不相合；其下文作："壬申、癸酉，参辰相去也"，"参"是星宿名，二十八宿之一，"辰星"即商星，古有"参辰卯酉"的说法，指参星酉时现于西方，辰星卯时出于东方，此出则彼没，两不相见，比喻亲友、夫妻隔离不得相见或彼此对立不和睦。将该简第14字释为"汉"，该句释为："庚申、辛酉，汉河相去也"，汉水又名汉江，是长江最长的支流，源出陕西西南部宁强县，流经陕西、湖北，在武汉市入长江。《说文·水部》："汉，漾也。东为沧浪水。"朱骏声的《说文通训定声》载："域中大水也。今名东汉水，东流至湖北襄阳府均州，名沧浪之水，又东南流至汉阳府汉阳县汉口合江。"《尚书·禹贡》："嶓冢导漾，东流为汉，又东为沧浪之水，过三澨，至于大别，南入于江。"河指黄河，《尚书·禹贡》："导河积石，至于龙门，南至于华阴，东至于砥柱，又东至于孟津，东过洛汭，至于大伾，北过降水，至于大陆，又北播为九河，同为逆河，入于海。"总之，汉水和黄河都流经中原，汉水南流入江，黄河东流入海，两条大河不曾相交相汇；故以之比喻夫妻分隔两地不得相见或感情不和睦。①

第179号简当释为："丙申、丁酉，天地相去也；庚申、辛酉，汉河相去也；壬申、癸酉，参辰相去也；凡是日不取（娶）妻。"意为：丙申日、

---

① 河汉作为黄河和汉水的并称，常见于典籍，如《庄子·齐物论》："大泽焚而不能热，河汉冱而不能寒。"河汉又代指银河，如《古诗十九首·迢迢牵牛星》："河汉清且浅，相去复几许。"在古人眼中，汉水对应的是银河，所以银河被称为汉、云汉、银汉、河汉、星汉、天汉、汉津等。陆平先生在《散见汉日书零简辑证（二）》中亦认为，第179号简第14字当为"汉"字，但认为河指黄河，汉指天河，"汉河"指双方隔绝。我们认为这里"河"和"汉"都用本义，分别指黄河和汉水。

丁酉日（是分离日），（在这天结婚，夫妻）就像天地相分，难相合；庚申日、辛酉日（是分离日），（在这天结婚，夫妻）就像汉水、黄河相分，难相会；壬申日、癸酉日（是分离日），（在这天结婚，夫妻）就像参星和商星不同时在天空出现，难相见。这些日子不能娶妻。

8.《日书》第185号简第2栏："五辰利翠（？）枱及入臣妾。"整理者释为"翠"的字，原简牍字形作：▨（该栏第4字）。

按，整理者将此字释为"翠"，于文义难通；因此释者在其后加问号表示不确定。从字形看，该字上面的部件不是"羽"，而是"氵"和"目"，用笔程追溯法分析，此字上面靠左边的一竖不是向左弯，而有向右的笔势，表明它与右边的笔画是一个整体；右下的部件不是"卒"，而是"幸"；整字当为"泽（繁体作'澤'）"；此字与《汉语大字典》所收的古地图中的"▨（泽）"形体相似。①

"泽"下一字原简牍字形作：▨（第2栏第5字），整理者释为"枱"，不当；此字原为上下结构，应释为"枲"。"枱"和"枲"分别记录了音义不同的两个词，不是异体字关系。《说文•木部》："枱，耒端也。从木，台声。"《说文•朩部》："枲，麻也。从朩，台声。"

就词义文义而言，"泽"是润泽、滋润的意思，"泽枲"指泡麻。《日书》第185号简第2栏的这句话当释为："五辰利泽枲及入臣妾。"

9.《日书》第295号简第1栏："获门"，整理者释为"获"的字，原简牍字形作：▨（该简第1字）。

按，整理者参照睡虎地秦简《日书》甲种"直门室"篇中的"获门"，将第295号简第1栏第1字释为"获"。实际上，从字形看，当隶定为"獾"；据文义，读为"获"。另，《日书》第286号简第1栏中整理者原释为"获"的字亦作此形，亦应释为"獾〈获〉"。

10.《日书》第297号简第2栏："大徙之大敚，小徙小敚。"整理者释为"敚"的两个字，原简牍字形分别作：▨（该栏第5字）、▨（该栏第9字）。

---

① 王贵元先生在2006年10月8日首发于简帛网的《读孔家坡汉简札记》一文中提出"利"后一字为"泽"，认为"'泽枲'即'沤麻'"。我们在2011年6月发表于《文山学院学报》的《追溯笔程——考释简帛文字的一种方法》一文中，利用孔家坡汉简中的"▨"字讨论追溯笔程的问题。当时未查及王先生的观点，实在疏漏，特撰此注致歉。

按，这两个简牍字形当为同一个字，都不清晰。仔细辨认，不是"敫"字。这两个字与《说文·放部》收录的"䚒（敫）"、孙膑145的"䚒（敫）"形体不类；另，《日书》第218号简的"徼"字作：䚒（该简倒数第3字），《日书》第219号简的"徼"字作：䚒（该简倒数第7字），其右边构件可资比较。

原简牍字形右边的构件为"攴"，"攴"和"殳"作为构件义近可通用；左上的构件不为"白"而为"臼"，左下的构件不清晰，但从残余笔画看，不为"方"，似为"壬"或"工"；整字当为：毁。《龙龛手鉴·攴部》："毁，正作毁，坏也。"《说文·土部》："毁，缺也。从土，毇省声。毁，古文毁从壬。"就词义文义而言，若释为"敫"，《说文·放部》："敫，光景流也。从白，从放。"敫的"光闪耀"义不合文义。而毁的"毁坏"义正合文义。第297号简第2栏的这句话当释为："大徙之大毁，小徙小毁。"

11.《日书》第300号简第三栏："以死者室为死者月，来子□之。"整理者释为"来"的字，原简牍字形作：䚒（该栏第9字）。"子"后一字，整理者未释，其原简牍字形作：䚒（该栏第11字）。整理者于此句下注释："'来子'下一字似为'数'字。"

按，第9字与《日书》第345号简第3栏第3字的"䚒（求）"、《日书》第347号简第3栏第3字的"䚒（求）"字形接近，当为"求"字。

第11字与352号简第3栏第4字的"䚒（击）"字形相近，当为"击（繁体作'擊'）"字。[①]

第300号简第3栏的这句话当释为："以死者室为死者月，求子击之"。

12.《日书》第412号简："终日温三□。"该简第25字，整理者未释，原简牍字形作：䚒。

按，从此字的笔画所呈现的形态分析，其笔程应为：一撇一竖一撇一竖两横[②]，其最上面的两撇粘连，致使原字难识；此字与《日书》第469号简第12字的"䚒（并）"笔程相同；当为"并（对应繁体'幷'）"字。就词义文义而言，"并"指并列、兼备，《广韵》："并，合也。"《玉篇》：

[①] 王贵元先生在2006年10月8日首发于简帛网的《读孔家坡汉简札记》一文中也认为"之"前一字当为"击"字。

[②] 刘玉环：《追溯笔程——考释简帛文字的一种方法》，《文山学院学报》2011年第5期。

"并，兼也。同也。"上文说"入正月四日，旦温稙禾为，昼温中禾为，夕温穋禾为"，此处说"终日温三并"，是指整天温暖则早、中、晚三种禾都会"为"，都能成熟。这样释读，文从义顺。①

13.《日书》第478号简："忘，正（政）乱，下不聽（听）。"该简第14字，整理者原摹释为"聽"，读为"听"，其原简牍字形作：。

按，此字左上稍不清晰，将之摹形为"聽"也不符合原简牍字形。我们认为此字是"听（繁体作'聽'）"的草写，可直接认同为"听"字，不必先摹形后释出。

（原载《昆明学院学报》2014年第5期）

---

① 陈炫玮先生在2007年8月21日首发于简帛网的《孔家坡汉简〈日书〉札记七则》一文中将第412号简第25字释为"併"字。按，细查图版不当有"亻"旁。另，陈先生认为"三併即指稙禾、中禾、穋禾三种作物皆可生长成熟"。其中"三种作物"的说法有歧义，实际上，《说文·禾部》："稙，早种也。"稙禾、中禾、穋禾是同一种农作物，只存在种植和收获时间早晚的不同。

浅析《流沙坠简》的文字学价值

《流沙坠简》收录英籍探险家斯坦因（Aurel Stein）第二次中亚考察时（1906—1907 年）获得的汉文文书。按简牍的内容和性质分为三大类：第一大类是小学术数方技书，包括《仓颉》《急就》《力牧》《历谱》《算术》《阴阳》《占术》《相马经》《兽医方》等多种典籍；第二大类是屯戍丛残，其下又按内容分为薄书、烽燧、戍役、廪给、器物、杂事六项；第三类是简牍遗文，汇集各式书信；王国维还作《补遗》，考释斯坦因于尼雅河下游所获晋初文书。[1] 这批简牍是汉至隋唐的手写材料，反映了当时社会用字的实际；资料埋藏于地下，未经后人篡改，保存着古人手写的真迹；具有时代明确、近古存真等优点；是研究这个时期用字现象的可靠资料。

一、保存古字书残卷

"小学术数方技书"这一大类中的"小学类"包括《仓颉》《急就》等古字书的部分内容。虽然残存较少，但依然可以看出该字书是按字所记录的词语所属的物类排列的，即是按字义排列的。这些字书从我国西北地区出土，说明汉晋字书在人们文化生活中占有重要地位，即便是边疆小吏也会放在身边翻阅、研习。

二、出现横排书写的简牍

小学术数方技书四第 1 号简至第 9 号简的内容是纪日甲子，每一甲子都在一支简面上从右向左横排书写，例如：第 1 号简：▨▨（戊申），第 2 号简：▨▨（己酉），第 4 号简：▨▨（丁巳），第 5 号简：▨▨（丁亥），例不备举。这种书写格式在出土的秦汉简帛中是极少见的，令人耳目一新。

三、存现生僻字

有些字形被字典辞书收录，却极少出现在文献典籍当中，我们在《流

---

[1] 王国维：《流沙坠简·王国维序》，北京：中华书局，1993 年。

沙坠简》里可以发现不少这样的字形。例如：

小学术数方技书一第 3 号简第 4 字作：🅇，整理者原释为"㲋"。按，简文此字上面有"狸、獙、颮"等字，都是某一动物的名称；则该字应当也指某种动物。整理者释为"㲋"，但字书无"㲋"字；而有从"大""㲋"声的"㺇"，《集韵·觉韵》："㺇，兽名。"但我们要讨论的这个字除去构件"㲋"，剩下的部件显然不是"大"，而是"犬"，故当释为"㺇"。《说文·犬部》："㺇，犬属。"《玉篇·犬部》："㺇，似犬恶也，上黄下黑。"《汉语大字典》在"㺇"字头下收录了《流沙坠简》中的这个字形，是正确的。

四、保存俗体字、简体字

这批简牍中存在大量的俗写、简写字形。"由是观之，知古人写书多随意用世俗通行之字，虽字书且然，不似后人点画之严矣。"①

（一）符合构字理据的异体字

小学术数方技书一第 2 号简第 7 字：🅇，整理者原释为"灾"。按，整理者将此字释为"灾"，不妥。这个字的笔程是：撇、小撇、横、短竖与横贯穿的竖撇、捺、在横与撇、捺之间是分向两边的两点②。从该字出现的语境看，此字上有"病、狂、疙、疜"等字，下有"闻风而逃痰"字，其字义都与疾病有关，此字应该也是记录与疾病有关的某个词的字。我们推测是"疥"字。《说文·疒部》："疥，搔也。从疒，介声。"段玉裁注："疥急于搔，因谓之搔。"疥指疥疮，很痒，人要抓挠。而我们要讨论的字形正像一个歪着头、两胳膊反转向上的人在抓挠，胳膊下的两点表示因抓而掉的皮屑；该字是个表意字，应是"疥"的异体字。

（二）形近构件换用造成的俗体

出土简帛是手写文字材料，一些俗体字的出现与书写者个人的书写习惯有关，因忽视或误解造字理据，而将某一构件错写为另一形近构件，若换用构件后的整个字形在多批简帛中反复出现，说明它在一定范围内得到社会认同，可以看作俗写字形，而不必看作讹错字。

---

① 王国维：《流沙坠简》，北京：中华书局，1993 年，第 80 页。
② 即运用笔程追溯法分析该字字形，参刘玉环：《追溯笔程——考释简帛文字的一种方法》，《文山学院学报》2011 年第 5 期。

《流沙坠简补遗（一）》第 12 号简："都官从軍"，整理者释为"軍"的字，原简牍字形作：■（该简第 7 字）。其后注释："都官从軍疑都官从事之笔误，軍与事字形相近，又从軍本一成语，遂书从事为从军矣。都官从事者，《续汉书·百官志》：司隶校尉下从事史十二人，本注曰都官从事主察举……"① 按，此字与《银雀山汉墓竹简（壹）·孙子兵法》第 116 号简第 15 字的"■（军）"字形相同。"宀"和"冖"作为形近构件常常混用，因此我们要讨论的"■"可直接释为"军"，读为"事"；原注释对将"事"错写成"军"的原因做了剖析，其观点可从。从"宀"的"军"字出现在多批简牍中，是"军"的俗写字形。

（三）简率书写形成的俗体字

为追求书写速度，书写者常在不引起歧义的前提下努力简省笔画。例如，这批简中的"癸"字书写怪异：■（小学术数方技书四第 16 号简第 19 字）、■（小学术数方技书四第 16 号简第 39 字）、■（小学术数方技书五第 1 号简）、■（屯戍丛残一第 8 号简第 3 字）②，都对"癸"字做了不同程度的简省。再如，小学术数方技书一第 7 号简第 1 字：■，整理者照原字形摹写为"鄭"。按，此形是"郑"字的草写字形，没有必要使用摹形的方式隶定，创造出不必要的临时形体。总之，流沙简中的"■""■"等字为书写草率所致，是汉晋出现在人们手头的俗体字形。

（四）借笔导致的简体

借笔是一种特殊的简化现象，是书写者有意为之，不应作为错字看待。例如小学术数方技书一第 1 号简第 6 字："■"，整理者原释为："黱"。按，此字原不清晰，整理者摹释为"黱"，历代字书无"黱"字；且原简文是个合体字，由两个独体字构成，而"黱"除去构件"黑"，剩下的部件"廄"却不成字；且整理者只做摹形隶定而未加说明，实际上并未释出此字，而其摹形也不够准确。分析此字形体：最上部是两点，而不是一点，"丷"应为简写的"艹"；构件"黑"之右上构件不是"攴"，而是

---

① 原书未加标点，引文标点为笔者所加，下同。
② 《流沙坠简》第 92 页注："癸字作■、■则别字矣。"按，这是"癸"字简省草率的写法，不当看作讹错字。

"戈";所以此字应释为:藏(黑),即"黬"的异体字(构件相同,由左右结构变为上下结构);其构件"藏"的"艹"和"臧"共享一横画,使整个字的结构更加紧凑。《汉语大字典》收录"黬"字,但未释义,在流沙简中此字前后的另外九个字都以"黑"作为构件,它们的字义都表示与黑色有关的某种颜色,"黬"字应该也不例外。为字形的匀称美观或为一篇文字的整体布局而改变结构,是书写者刻意为之,不应看作讹字。比如一个字出现两次或同一类型的笔画在一行中出现过多,常会在不影响文字辨认识读的基础上,对文字的形体结构加以改变。

(五)不合构字理据而被字书收录的俗字

《龙龛手鉴》的著者释行均是区分俗字和讹字的。《龙龛手鉴·白部》:"皃",同"皃"。《龙龛手鉴·白部》:"皃,俗;正作兜。""皃"出现在《流沙坠简》中,屯戍丛残十五第4号简"韦四枚连治铠二领皃鍪"的"皃"作:皃。《说文·皃部》:"兜,兜鍪,首铠也。从皃从兒省,兒,象人头也。"《说文》所收"兜"的小篆字形作:兜,中间像一个人突出其脑袋,两边的笔画像人戴的头盔。居延简甲1826的"兜"作:兜,人头部的两边做手形,像人两只手往头上戴头盔,字形发生变化的同时赋予了它新构意。而流沙简的字形是在居延简字形的基础上重新结构,即将"白"独立出来,剩下的部分正好是"儿";这个从"白"从"儿"的字形是受构件成字思维影响而产生的错误字形,不合构字理据,却被《龙龛手鉴》作为俗字收录,使它具有了一定的"合法"地位,之后的字书《汉语大字典》不仅将"皃"和"皃"作为字头收录,还在"兜"的字头下选录了《流沙坠简》中的这个古文字字形。

再如,小学术数方技书一第7号简第14字:孺,整理者原释为"孺"。其后注释:"赵孺卿颜本孺作儒(孺为孺之别字,汉人书从需之字多别作耎,尧庙碑儒作偄,景北海碑繻作縯其证也)皇本则皆与此同。"按,《说文·子部》所收"孺"的小篆字形作:孺,橐泉宫行镫的"孺"字作:孺。我们要讨论的字形右边构件"需"的上部因书写草率而有所变形。这一字形有规律地出现,尤其是出现在碑刻当中,说明它已经在一定范围内得到社会认可,具有一定的社会性,说明这个字形符合人们书写过程中的简省和草写规律,不会引起歧义,可以看作俗体字,不必看作讹字。另,

《玉篇·子部》："䙁，同孺。"《国语·越语上》："国之䙁子之游者，无不餔也。"䙁也是俗体字。

"宽"和"䙁"不合构字理据，但因其被字书收录或出现在碑刻当中而具有一定的合法性，是出现在书写者笔头的俗字。

五、存现讹错字形

（一）被字书收录的讹错字形

字书指出的讹误字形，恰在流沙坠简中出现了。例如，小学术数方技书—第1号简第9字：▨，整理者原释为："黤"。按，历代字书无"黤"字。原简文字形左边的构件为"黑"，是毫无疑问的；这支简属于小学类《仓颉》篇，该简包括此字在内前后共十个字，都是以"黑"作为其中一个构件的合体字。此字右边的构件在上面"宀"和下面"免"中间还有一撇一捺两个笔画，因此不应释为"黤"；而应释为：黮（原字从"宀"，出土古文字资料中"宀"和"冖"作为形近构件常混用，例如《张家山汉墓竹简〔二四七号墓〕·奏谳书》第17号简第28字的"冠"就从"宀"作：▨）。《汉语大字典》指出"黤"是"黮"的讹字。方成珪考证："黤讹黮，据《类篇》正。"《说文·黑部》："黮，黑有文也。从黑，冤声。"《集韵·月韵》："黮，或从宛。"《正字通·黑部》："黤，黮本字。"《集韵·迄韵》："黡，玄黄也。或从冤。"黮是从黑、冤声的一个形声字，而"黤"则不合构字理据，《汉语大字典》和方氏的说法是正确的。流沙简的这个字形说明"黤"这个讹字确曾出现在人们笔头。《汉语大字典》在"黮"的字头后面选列的古文字形中收录了流沙简中的这个形体，但描摹为：▨，与原简文字形不符，不知何据。我们认为应将流沙简的这个古文字形移至"黮"的字头下；而《汉语大字典》已引方成珪的考证指出"黤"是讹字。

（二）正字与讹字之间的过渡字形

我们甚至可以从已出土的诸多古文字资料中找到 A 讹为 B 的中间环节，组成一个致误链条。厘清这个链条对研究古籍讹字无疑大有益处。

例如，屯戍丛残六第17号简第10字：▨，整理者原摹释为"表"。其后注释："表即说文所谓㷭隧候表也，然不云举㷭，而云举表者，意汉时塞上告警，㷭燧之外尚有不然之薰，《汉书音义》云：烽如覆米蓂，县着桔槔头，有寇则举之。但言举而不言然，盖浑言之，则燧、表为一物；析言之，则然而举之谓之燧，不然而举之谓之表。夜则举燧，昼则举表。燧台五丈，上着燧干，举之足以代燔燧矣。《墨子·号令篇》之垂与《杂守篇》之烽实皆谓是物也。《号令篇》云：望见寇举一垂（孙氏诒让《间诂》以垂为表字之误，是也），入竟举二垂，狎郭举三垂，入郭举四垂，狎城举五垂，夜以火亦如此。"按，王氏将原简牍字形摹释为"裘"，读为"表"；并在注释中做了十分详尽的考证。屯戍丛残六第 14 号简第 13 字的"表"作：表，屯戍丛残六第 14 号简第 24 字的"表"作：表，我们要讨论的屯戍丛残六第 17 号简第 10 字的字形与标准字形相比多出一竖，很可能是讹为"垂"的中间环节。孙诒让从文义出发用训诂的方法指出用字讹误，王氏将之与简文字形相互印证。对于《墨子·号令篇》中"垂"当为"表"的考证来说，屯戍丛残六第 17 号简第 10 字无疑是字形本体的论据。传世文献大都经过各代学者的勘正辨析，对于已有之成说，能利用出土文献中的字形做出补证，对传世典籍的研究也是大有益处的。

六、确立独特的简帛文字考释方法

一代大师王国维，博通经史，学贯古今，主要由他释读的《流沙坠简》在简帛文字考释方法上给了后人很好的启示。

（1）善于使用摹形的隶定方法。比如将小学术数方技书一第 7 号简第 1 字的"𨚕"摹写为"郑"，虽然此字就是"郑"字的草写字形，没有必要使用摹形的方式隶定，而致创造出不必要的临时形体；但不能不说这种方法很好地保存了简帛字形原貌，而且展现了王氏治学的严谨态度。

（2）善于结合传世典籍考释简帛文字。上揭"表"字就很好地说明了这一点，王氏结合《汉书音义》和《墨子》考明了"表"字的形和义；也反过来证明了孙诒让将《墨子·号令篇》中的"垂"读为"表"的观点是正确的。例不备举。

（3）善于将简帛字形放到汉字系统、汉字发展史的大背景下讨论。

屯戍丛残十四第 4 号简第 1 字"𣄴"，整理者摹释为"𣃚"，该字后（此书第 184 页）注释："𣃚干即旗干也，𣃚字即𣃚字之变，古文𣃚字作𣄴（见《颂鼎》《颂敦》等），从旗从单（古战字），后变为𣃚，古文𢁛字多从车，如旅作𣃚是也，后变车为单，变单为革，然则𣃚、旗实一字。"王氏从汉字发展演变的角度，参考其他字形，结合金文等古文字资料，追溯简帛文字的致误过程。"杨南仲晋姜鼎释文云：古之旌旗悉载于车，故疑䡒即旗字，而从车借读为旗。其说极精。"王氏引用其他学者的观点做进一步论证。"若蕲，若靳，则又蕲之变，后汉弘农墓砖：江夏鄿春之鄿正作郫，此其证也。"王氏引同类文字现象，做比照论证。"以其声言之，则旗、靳二字皆以斤为声，《诗·小雅》旗与晨、辉为韵，《鲁颂》旗与芹为韵，《左传》旗与晨、辰、振、贲、焞、军、奔为韵，旗读若靳，故得假靳为旗也。"王氏从语音入手探讨通假问题，加深了对简帛文字的研究。

20世纪初出土整理的流沙简与其后出土的秦汉简牍相比，数量不算多，保存也不算完好；但它不仅对汉晋历史制度、地理交通、屯戍组织等的研究具有重要意义，而且对出土文献资料整理及语言文字研究具有重要价值。

（原载《西南学刊》第六辑，2014年）

《流沙坠简》释文商酌

　　1993年出版的《流沙坠简》收录英籍探险家斯坦因（Aurel Stein）第二次中亚考察时（1906—1907年）获得的汉文文书。按简牍的内容和性质分为三大类：第一大类是小学术数方技书，包括《仓颉》《急就》《力牧》《历谱》《算术》《阴阳》《占术》《相马经》《兽医方》等多种典籍；第二大类是屯戍丛残，其下又按内容分为薄书、烽燧、戍役、廪给、器物、杂事六项；第三类是简牍遗文，汇集各式书信。王国维还做《补遗》，考释斯坦因于尼雅河下游所获晋初文书。下文是我们在研读《流沙坠简》一书时产生的几点不成熟的想法，提出来请学者们指正。

　　1. 小学术数方技书五第2号简第6栏第1列："大凡千一百一十"。整理者释为"一十"的两字，原简牍字形作：。其下整理者注释："今此简虽亡其半，然以存句考之，盖无'一一如一至一九如九'九句也。此简末言大凡千一百一十（十下似有三字然已不可辨，依法推之则不合有三字），若并'一一如一'九句合计，总数当得一千一百五十五；除此九句，总数乃得千一百一十。此简中无'一一如一'九句之确证也（原释文和注释未加标点，此标点为笔者所加，下同）。"①

　　按，细察原简牍，"一百"之下实为三字，但只有最上面的一横和中间的一竖清晰，其余笔画磨灭难辨，原释为"一十"不正确，实当为"五十五"三字。整句话当释为："大凡千一百五十五"。说明简文虽亡，但实有"一一如一至一九如九"九句，完整的简文记录的正应该是九九表，与《孙法算经》"起九九而讫一一"等同。原注释说"十下似有三字"其实就是"五"这个字。

　　2. 小学术数方技书五第3号简："正月大时在东方害卯小时丑在东方害寅子朔巳反支辰解律"。整理者释为"丑"的字，原简牍字形作：（该简第12字）。

---

① 罗振玉、王国维：《流沙坠简》，北京：中华书局，1993年，第92页。

按，整理者将此字释为"丑"，不当。小学术数方技书四第1号简第6字的"丑"作：▨，小学术数方技书四第2号简第10字的"丑"作：▨，小学术数方技书四第15号简第4字的"丑"作：▨；我们要讨论的字形与以上诸"丑"字明显不类；而与张家山汉墓竹简·二年律令第328号简"并封"的"卄（并）"字形相近，我们要讨论的字形上面的两撇粘连，致使原字难以辨认。总之，从字形看，小学术数方技书五第3号简第12字是"并（繁体作'幷'）"字。就词义文义而言，释为"丑"，于义难通；释为"并"，表示范围，相当于"也、都"，"并"的这一义项常见于传世典籍，如《战国策·燕策二》："两者不肯相舍，渔者得而并禽之。"前文说"大时在东方害卯"，此处接着说"小时""在东方害寅"，都是"在东方"，所以加一个义为"也"的副词"并"，文义通畅。整句当释为"正月大时在东方，害卯；小时并在东方，害寅；子朔，巳反支，辰解律。"

另，长沙东牌楼东汉简牍第6号简H3："□文楳雄弗力精人兵诣〔觉〕所□捕何人"。整理者释为"弗"的字，原简书字形作：▨。按，此字原释为"弗"，"弗力"于义难通。细察字形，也是"并"字，"并力"指合力。

3. 屯戍丛残一第16号简："唯治所以前□收"。"收"前一字，整理者未释，其原简牍字形作：▨（该简第6字）。

按，细察字形，此字与武威简·泰射42的"▨（数）"形体相似，当为"数"字。"数"在这里指屡次、多次。《广韵·觉韵》："数，频数。"《孙子·行军》："屡赏者窘也；数罚者困也。"第16号简的这句话当释为"唯治所以前数收"。意为：治所以前多次收的。

4. 屯戍丛残二第17号简："便内□玉门□□"。"门"字后面原释文以两个"□"代之，实际上是三个字：▨（该简第19字）、▨（该简第20字）、▨（该简第21字）。

按，第19字与该简第8字"▨（宜）"字形相似，当为"宜"字。第20字、第21字分别为"即"和"日"的草写。"即日"指当日，《史记·项羽本纪》："项王即日因留沛公与饮。"第17号简最后三字当释为"宜即日"，意指最好在当天。

5. 屯戍丛残三第8号简："取合得二百六十三束 束絜二围五谨表言（原简文中，两"束"字间的距离比其他字距稍宽，表示上下分读）"。其后注释:"束絜二围五,语不可解,或谓每束二絜而又五道欤?"①

按,《说文·糸部》:"絜,麻一端也。"段玉裁注:"一端犹一束也。端,头也。束之必齐其首,故曰端。《人部》系下云:'絜束也。'是知絜为束也。束之必围之,故引申之围度曰絜。"②"絜"这里用作动词,指度量围长。《集韵·屑韵》:"絜,约束知大小也。""围"指计量圆周的约略单位,即两只胳膊合围起来的长度,《古今韵会举要·微韵》:"一抱谓之围。"《庄子·人间世》:"匠石之齐,至于曲辕,见栎社树。其大蔽数千牛,絜之百围。"陆德明释文:"'百围',李云径尺为围,盖十丈也。"简文中的"二围五"指二点五围,古人常将不足一之数置于量词之后,即构成整数加量词加小数的格式。第8号简的整段话为"取合得二百六十三束,束絜二围五。谨表言。"意为:"一共得到二百六十三束,每束的周长是二围半。郑重地汇报。"

6. 屯戍丛残六第9号简:"月十一日大福守侯长"。按,"日"字与"大"字之间有"乙(己)""酉(酉)"两字,原漏释。第9号简的整句释文当为:"月十一日己酉大福守侯长"。

屯戍丛残十四第8号简第2列:"缇绀胡一"。原简文在"一"前还有一字作:各,原漏释,当为"各"字。整句当释为"缇、绀、胡各一"。意为"橘红色、红青色、黑色各一"。

屯戍丛残六第14号简:"尽南端亭以札署表到日时"。按,"亭"字下面有一重文符号,其原简牍字形作:亭,且"以"字前漏释"长"字(原简牍字形作:长),故当补释"亭长"二字。整句当释为:"尽南端亭,亭长以札署表到日时。"

7. 屯戍丛残六第16号简:"畫讽知之精"。整理者释为"知"的字,原简牍字形作:知(该简第11字)。

按,第11字"知"的左边构件与《彧簋》中的"夫(夫)"、《吴王夫差剑》中的"夫(夫)"、《定县竹简》25的"夫(夫)"形体相似,而这批简中"马矢"作"马夫",例如:屯戍丛残八第8号简"负马矢六石"的"矢"作:夫(此字整理者原隶定为"夫",其后注释:"夫字似夫,实则隶书矢字也。《墨子·备城门》篇:'凿渠、凿坎,覆以瓦,冬日以马夫

---

① 罗振玉、王国维:《流沙坠简》,北京:中华书局,1993年,第116页。
② (清)段玉裁:《说文解字注》,杭州:浙江古籍出版社,1998年,第661页。

寒。'又云：'灰、康、粃粰、马夫皆谨收藏之。''马夫'二字义不可解，然杜氏《通典》所载守拒法实节《墨子》文为之，中有'灰、麸、糠、粃、马矢'语。则'马夫'实'马矢'之误，'马矢'可烧可涂，故塞上多储之也。"按，马矢即马屎)，屯戍丛残八第 12 号简："一人马矢涂亭户前地二百七十尺"的"矢"作：❉，屯戍丛残十三第 12 号简："马矢两石"的"矢"作：❉（以上两例，整理者原隶定为"夫"，读为"矢"）；可知我们要讨论的第 11 字左边构件当为"矢"。其右边构件与屯戍丛残二第 16 号简第 2 字的"❉（如)"右边所从相同，当为构件"口"。故我们要讨论的第 11 字当为"知"。

另，"盡"，《正字通》："俗尽（繁体作盡）字。"

"讽"下有一字残泐不可识。

"知"上一字作：❉，整理者原漏释，当为"诵"字。

总之，第 16 号简的这句话当释为："盡（尽）讽□诵知之精"。

8. 屯戍丛残六第 18 号简："亭隧□远昼不见烃夜不见火"。该简第 3 字，整理者未释出，原简牍字形作：❉。

按，细察字形，此字与《熹·诗·王风》中的"❉（第)"字形接近而书写潦草，当为"第"字；《广雅·释诂三》："第，次也。""第远"即依次渐远。整理者摹释为"烃"的字，原简牍字形作：❉，实为"煙"的草写，可直接释为"煙（简体作：烟)"。这句话当释为"亭隧第远，昼不见煙（烟)，夜不见火"。

9. 屯戍丛残七第 8 号简："右百卅五人□卒。"整理者释为"卅"的字，原简牍字形作：❉（该简第 6 字)。

按，细察第 6 字的字形，实当为"册"字；其中间两竖笔粘连，故致原误释为"卅"。"卒"前一字整理者未释，原简牍字形作：❉，应为"亭"字。第 8 号简的这句话当释为"右百册五人亭卒。"

10. 屯戍丛残七第 18 号简："壬戍四人作墼二百九十"。整理者释为"戍"的字，原简牍字形作：❉（该简第 2 字)。

按，原释为"戍"，于形于义均不契合；此字应为"戌"。上一支简作"丁未六人作墼四百廿"，前两字为干支纪日，此两字也应为干支"壬戌"。

11. 屯戍丛残七第 19 号简第 5 列："凡墼千三百"。其中第 4 字、第 5 字作：❉。原释为"三百"实际上应为"二百"；其中第三横是"百"字最上面的横画。就文义而言，上文说："其八人作墼"，"人作百五十"，那么一共是一千二百。

另，屯戍丛残八第 4 号简第 3 列："人致（致）一百廿"。第 7 字、第 8 字原简牍字形作：⬚。按，原释为"一百"，实应为"二百"。

12. 屯戍丛残八第 9 号简："积六百卅三日"。整理者释为"日"的字，原简牍字形作：⬚（该简第 19 字）。

按，就字形而言，此字上从"田"、下从"土"，整字当为"里"。就词义文义而言，"里"是量词，为长度单位；"积六百卅三里"意为：总共六百三十三里。

13. 屯戍丛残八第 15 号简第 2 列："葧五十亩"。整理者释为"五"的字，原简牍字形作：⬚。

按，此字明显是"九"字；下一支简作"溉五十亩"，其中的"五"作：⬚，两者明显不类。

14. 屯戍丛残九第 1 号简："后卅四石二斗三升□"。该简第 30 字整理者未释，原简牍字形作：⬚。

按，此字与屯戍丛残九第 4 号简"已入大石四石一斗少"中的"⬚（少）"字形相近，应为"少"字。

15. 屯戍丛残九第 2 号简："出□百三十尚"。该简第 2 字整理者未释，原简牍字形作：⬚。

按，此字左边构件模糊不清，细察字形，与屯戍丛残八第 14 号简"鼓一面"的"⬚（鼓）"字形相近，当为"鼓"字。整理者释为"尚"的字，原简牍字形作：⬚，实当为"面"字。整句当释为："出鼓百三十面。"

16. 屯戍丛残九第 10 号简："受降卒伊良受尉史"。整理者释为"伊"的字，原简牍字形作：⬚（该简第 23 字）。整理者释为"良"的字，原简牍字形作：⬚（该简第 24 字）。

按，细察第 23 字，其左边构件为"人"，其右边构件为"木"，整字当为"休"。

第 24 字与屯戍丛残九第 16 号简最后一字的"⬚（良）"不类；而与屯戍丛残九第 11 号简"宜秋卒代□民受尉史敬"中的"⬚（民，该简第 25 字）"相似；当为"民"字。

另，屯戍丛残九第11号简第24字（即"民"前一字），整理者未释，其原简牍字形作：⿰。此字与第10号简第23字相似，亦当为"休"字。

总之，我们上面讨论的屯戍丛残九第10号简、第11号简都当为"休民"二字。"休民"常见于传世典籍，如《孙膑兵法·篡卒》："其强在于休民，其伤在于数战。"休民指使人民休养生息。第10号简和第11号简中的"休民"应指得到休整的人民。同样结构的"休兵"，既可指使士兵休息，不烦举例；也可指得到休整的军队，如《战国策·赵策》："强秦以休兵承赵之敝。"高诱注："休息之兵。"可为佐证。

17. 屯戍丛残十三第16号简第2列："白紈□袍一领"。"袍"字前的两个字，原简牍字形作：⿰（该简第8字）、⿰（该简第9字）。

按，第8字的右边未释出，细察之，其右边构件为"柬"，整字当为"练（繁体作'練'）"。《说文·糸部》："练，湅缯也。"《玉篇》："练，煮泦也。"《急就篇》注："练者，煮缣而熟之也。""练"指把生丝煮熟或指把麻或织品煮得柔而洁白，这里指洁白的熟绢。

第9字原未释出，当为"袭"字。"袭"的古文字形一般为上下结构：⿰（戜鼎）、⿰（说文·衣部）、⿰（郎邪刻石），屯戍丛残十三第17号简"袭一领"的"袭"作：⿰，也是上下结构；而我们要讨论的"⿰"字是包围结构（构件"龙"夹在构件"衣"中间），与《老子》甲156的"⿰（袭）"相似。《说文·衣部》："袭，左衽袍。"

第16号简第2列的这句话当释为："白练袭袍一领"，意为：洁白熟绢的左衽袍一件。

18. 屯戍丛残十五第5号简："前新入胡甾入二百九十五枚"，该简"甾"字下、"百"字上，整理者原释为"入二"两字，其原简牍字形作：⿰。其后整理者注释："甾下之字，似金字。按，《说文》：'鈤，甾属。'小徐本作'甾金'，又云：'鉴，河内谓甾头金也。'"[①]

按，"甾"下"百"上，不是二字，实为三字。后两个字为"入二"是毫无疑问的，"甾"下"入"上的这个字，原简牍字形作：⿰，不当为"金"，而当为"合"字。"合"是合计的意思。整句话当释为"前新入胡

---

① 罗振玉、王国维：《流沙坠简》，北京：中华书局，1993年，第188页。

卮，合入二百九十五枚"。意为：此前新收胡卮，共计收入二百九十五枚。

19. 屯戍丛残十七第9号简："十月己卯日骽军病已"。整理者释为"骽"的字，原简牍字形作：▣（该简第6字）。

按，此字与简牍遗文一第4号简的"▣（罢）"字形不类；原字形下从"非"，与简牍遗文二第1号简第21字的"▣（罪）"相似，当为"罪"字。就词义文义而言，此处"罪"是"罢"的讹别字（因形近而写讹），"罢"是"疲"的通假字，"罢"常假借为"疲"，古籍常见用例，不烦举例。"疲"指疲病，《资治通鉴》："夫以疲病之卒御狐疑之众。""疲军"指疲病的军队，与"病已"文义顺承。古籍"疲民"一词常见，指疲困之民，例如《管子·幼官》："数战则士疲，数胜则君骄，骄君使疲民则国危。"可为佐证。

第9号简的这句话当释为："十月己卯日罪〈罢（疲）〉军病已。"

20. 屯戍丛残十八第8号简："□令"。该简第7字整理者未释出，其原简牍字形作：▣。

按，细察字形，当为"听（繁体作聽）"字。"听令"指听从命令。

21. 简牍遗文一第13号简的第1字作：▣，第2字作：▣，此二字整理者未释出。

按，此当为"道""得"二字的草书。简牍遗文二第3号简第11字的"道"作：▣，可资比较。

22. 简牍遗文二第1号简："□□足下苦疾□伏前问属到□候丞未给幸觅所罪因伏。""疾"后一字，整理者未释，其原简牍字形作：▣（该简第7字）。"幸"后一字，整理者释为"觅"，其原简牍字形作：▣（该简第19字）。"罪"前一字，整理者释为"所"，其原简牍字形作：▣（该简第20字）。

按，第7字与《老子》甲49的"▣（宜）"字形相近，当为"宜"字，指应该。

第19字，整理者摹释为"觅"，基本符合原简字形；但据文义，正字似当为"免"。"幸免"谓侥幸避免灾祸，语出《论语·雍也》："人之生也直，罔之生也幸而免。"古籍常见用例，如《后汉纪·灵帝纪（上）》论："夫道衰则教亏，幸免同乎苟生。"

第20字与简牍遗文二第2号简"所幸狗子者"的"▣（所）"、小学术数方技书五第 8 号简"有所得"的"所（所）"字形不类，不当为"所"字；而与《老子》乙前 2 下的"死（死）"字形接近，当为"死"字。就词义文义而言，"死罪"是古人请罪或道歉时用的套语，表示罪过很重。如《汉书·卫绾传》："上问曰：'吾为太子时召君，君不肯来，何也？'对曰：'死罪，病。'"

总之，简牍遗文二第 1 号简的这句话当释为："□□足下苦疾，宜伏前问属（嘱），到□候丞，未给幸免，死罪因伏。"

[原载《宁夏大学学报（人文社会科学版）》2015 年第 5 期]

《居延新简——甲渠候官》释文商讨

1972—1974年，甘肃额济纳河流域居延地区的汉代城障烽塞发掘汉简近二万枚。其内容主要是与这一地区有关的档案文件，包括诏书、律令、科别、品约、牒书、推辟书、爰书、劾状、各类簿籍、各种形式的历谱等，还有《九九术》、干支表、医药方及《仓颉》《急就》的残简等，其中70多个是完整或基本完整的簿册，特别是发现了详细记载长安至河西20个驿置的里程简。1994年出版的《居延新简——甲渠候官》收录其中甲渠候官出土的简牍，其形制有简、两行、牍、楬、觚、封检、削衣等，下文统称为简牍。纪年简的上限始于西汉昭帝始元时期（公元前86—前81年），下限至西晋武帝太康四年（公元283年），西汉武帝时期和东汉光武帝建武八年（公元32年）以后的简数量极少，宣帝时期的最多。[①] 简牍字词的考释是一切研究的基础，本文在整理小组及时贤考释的基础上，就文字释读提出二十六点自己的看法，以期更好地利用这批简牍资料。

1.EPT5·5："充辞曰上造河东安邑庞氏里年二十桼岁姓梁氏"。[②] 整理者释为"辞"的字，原简牍字形作：▨（该简第2字）。

按，此字与居延简甲86A的"▨（拜）"、银雀山汉简·六韬644的"▨（拜）"、六韬755的"▨（拜）"形体相近而书写草率，当为"拜"字。"拜"是表示恭敬的一种礼节。行礼时下跪，两手至地，低头与腰平，后用为行礼的通称。"拜曰"可理解为：恭敬地说。其中的"拜"与"拜问""拜辞""拜谢"中的"拜"意义相同。EPT5·5的这句话当释为："充拜曰：上造河东安邑庞氏里，年二十桼岁，姓梁氏。"

[①] 参甘肃省文物考古研究所、甘肃省博物馆、中国文物研究所和中国社会科学院历史所编：《居延新简——甲渠候官》，北京：中华书局，1994年。这一版本的居延新简的释文水平最高。我们主要是针对此书的释文做出补释。另有1990年文物出版社出版的甘肃省文物考古研究所、甘肃省博物馆、文化部古文献研究室、中国社会科学院历史研究所编写的《居延新简——甲渠候官与第四燧》和2001年敦煌文艺出版社出版的中国简牍集成编辑委员会编写的《中国简牍集成——甘肃省·内蒙古自治区卷（居延新简）》两个版本，可资参照。

[②] "EPT5·5"依从1994年中华书局出版的《居延新简——甲渠候官》一书中的简称，下同。此书原释文未加标点，下同。

2.EPT40·3第2列："三人壤"。整理者释为"壤"的字，原简牍字形作：▨（该简第3字）。

按，字书无"壤"字，释为"壤"，义不可解。就字形而言，此字左边的构件为"土"，是毫无疑问的；我们认为右边的构件当是"襄"，它与《说文·衣部》所收小篆字形的"▨（襄）"、睡虎地简11·35的"▨（襄）"相比，中间部分有所草省；整字当为"壤"。就词义文义而言，"壤"指凿地出土。《谷梁传·隐公三年》："吐者外壤，食者内壤，阙然不见其壤，有食之者也。"杨士勋疏引糜信云："齐、鲁之间，谓凿地出土、鼠作穴出土皆曰壤。""三人壤"指三个人负责刨土。将土刨细，用于防御工事，包括在地上均匀地撒上一层，当敌人经过时会留下痕迹，以此侦探敌人行踪。

EPT44·12第2字作：▨，整理者原释为"壤"，亦当为"壤"字。此字的前一字作：▨，该字上部残缺，据剩下的笔画判断，当为"载"字。"壤"这里指细土。《说文·土部》："壤，柔土也。""载壤"指运载细土。

EPT50·206第9字作：▨，整理者原释为"壤"，亦当为"壤"字。此字的前一字作：▨，该字模糊，仔细观察亦为"载"字。"载壤"亦指运载细土。

这三支简的内容是对机构在职人员任务安排或工作情况的记录。

3.EPT43·55："坐簿书贵直"。整理者释为"坐"的字，原简牍字形作：▨（该简第1字）。

按，细察原简牍字形，由一点、三横、一竖构成，不当为"坐"字，而当为"主"字。就词义文义而言，"主簿"是官名，汉代中央及郡县官署皆设置，其职责为主管文书、办理事务。若释为"坐"，则文义难通。

4.EPT48·141："甲沟言三时簿本有折伤兵簿各与完"。整理者释为"与"的字，原简牍字形作：▨（该简第14字）。

按，此当为"具"字。"具"指完备、详尽。《史记·项羽本纪》："项伯乃夜驰之沛公军，私见张良，具告以事。"另，"完"字下原有一字的空格，表明到"完"字处断句。EPT48·141的这段话当释为："甲沟言三（四）时簿，本有折伤兵簿，各具完。"① 意指：甲沟关于四时的记录册，

---

① 2008年西南大学硕士学位论文《〈居延新简〉释文合校》（作者刘国庆，指导教师张显成）在校读EPT48·141的这句话时，依从整理者的释读，未将之释为"具"。参见该论文第8页。

本来有关于折兵、伤兵的记录，都很详尽。

5. EPT51·77："负夏幸钱五百卅。"整理者释为"幸"的字，原简牍字形作：幸（该简第3字）。

按，此句的下文作："负吕昌钱二百。""负"后面的两字为姓名："吕"为姓，"昌"为名。依例，EPT51·77中的"夏"当为姓而"幸"应为名，但"幸"在古今却很少用作人名。就字形而言，此字与《说文》所收小篆字形的"幸（幸）"、老子乙前118下的"幸（幸）"、纵横家书139的"幸（幸）"、流沙简3·16的"幸（幸）"形体不类；而与睡虎地简5·34的"华（华）"、老子乙176下的"华（华）"字形相似；当为"华"字。"华"常用作人名，不烦举例。EPT51·77的这句话当释为："负夏华钱五百卅。"

6. EPT51·102："六月壬午病头瘛已□"该简第22字整理者原未释，其原简牍字形作：。

按，此字左边的构件残泐，右边的构件为"刀"，整字似为"到"。EPT59·8的"到"字作：，可资比较。EPT51·102的这句话当释为："六月壬午病头瘛（痛），已到。"意为：六月壬午头痛，（现在）已经来到。这是记录公职人员请假、销假情况的档案。

7. EPT51·325："陈阳里王少=毋已。"整理者释为"已"的字，原简牍字形作：（该简倒数第1字）。

按，此字稍模糊，细察当为"亡"字，与EPF22·318最后一字的"（亡）"、EPF22·319最后一字的"（亡）"字形相近而书写草率。EPT51·325的这句话当释为："陈阳里王少=毋亡。"

另，EPT68·184第17字作：，整理者原释为"出"，也应为"亡"字。

8. EPT52·788："诏书辇侈及葬。"整理者摹释为"辇"的字，原简牍字形作：辇（该简第4字）。

按，整理者的摹释符合原简字形，但字书无"辇"字；此字应是上部写讹的错字；正字当为"辇"，《说文·车部》："辇，大车驾马也。"

整理者释为"侈"的字，原简牍字形作：（该简第5字）。按，细察之，其左边构件不为"亻"，而为"禾"；整字当为"移"。

EPT52·788的这句话当释为："诏书辇移及葬。"意为：下令用大车运走，安葬。① 公职人员去世后，上报朝廷，朝廷下诏书批复、安置，此简是记录这类事件的档案文件。

9. EPT53·181："不以实律辨。"整理者释为"辨"的字，原简牍字形作：䇇（该简第 10 字）。

按，文字笔画与木纹错杂，致使原字模糊难辨。细察此字，其中间的构件不为"刀"，而为"言"，整字当为"辩"。就词义文义而言，《说文·辡部》："辩，治也。从言在辡之间。"《书·酒诰》："勿辩乃司。"EPT53·181 的这句话当释为："不以实律辩。"意为：不按照现行法律治理。

10. EPT56·106："公乘孟辛年廿四。"整理者释为"孟"的字，原简牍字形作：䇇（该简第 11 字）。

按，此字与 EPT59·8"䇇（猛，此字笔画与木纹交错）"字的右边所从不类；即原简牍字形上面不从"子"；整字不为"孟"。此字与武威汉简·日忌木简 2 的"盖（蓋）"、赵宽碑的"盖（蓋）"字形相近，当为"盖"字。《正字通·皿部》："盖，俗蓋字。""盖"又为姓。EPT56·106 的这句话当释为："公乘盖辛年廿四。""公乘"为官职，"盖辛"为姓名。

11. EPT57·1："皆坐办其官事不办论。"整理者释为"办"的两个字，原简牍字形分别作：䇇（该简第 5 字）、䇇（该简第 10 字）。

按，该字中间的构件为"刀"，不为"力"，整字当为"辨"。就词义文义而言，正字当为"办"；这里"辨"是"办（繁体字形作：辦）"的讹别字；因构件"力"与"刀"形体相近而写讹。②

12. EPT57·18："记愿都卿。"整理者释为"都"的字，原简牍字形作：䇇（该简第 3 字）。

按，此字右边的构件不为"邑"，而为"百"；整字当摹释为"䇇"；显然受其上一字"䇇（愿，繁体作'願'）"右边构件的影响而写错；正字当为"都"。

13. EPT59·6 第 3 列："木长接二柄长负二算。"整理者释为"接"的字，原简牍字形作：䇇（第 2 竖行第 3 字）。

---

① 2008 年西南大学硕士学位论文《〈居延新简〉释文合校》（作者刘国庆，指导教师张显成）在校读 EPT52·788 的这句话时，依从整理者的释读，未将之释为"葦移"。参见该论文第 25 页。
② 2008 年西南大学硕士学位论文《〈居延新简〉释文合校》（作者刘国庆，指导教师张显成）在校读 EPT57·1 的这句话时，依据文物本将这两个字校读为"辨"，但并未将之读为"办"。参见该论文第 35 页。

按，此字左边从"木"，不从"手"；整字当为"桜"。《说文·木部》："桜，续木也。"EPT59·6第3列的这句话当释为："木长桜二柄长负二算。"①

14. EPT59·6第5列："积薪梨皆不壪负八算。"整理者释为"梨"的字，原简牍字形作：⿱⿰止刀木（第2竖行第3字）。

按，整理者原释为"梨"，"梨"不成字。此字下面的构件为"木"，是毫无疑问的；上面的构件从"止"、从"刀"，恐原当为从"止"、从"匕"，即为"此"，书写者误将"匕"错写为"刀"；整字当为"柴"。《说文·木部》："柴，小木散材。""薪柴"连用，指柴火，典籍常见，如《礼记·月令》："乃命四监，收秩薪柴。"郑玄注："大者可析谓之薪，小者合束谓之柴。"《九叹·愍命》："折芳枝与琼华兮，树枳棘与薪柴。"另，句中整理者摹释为"壪"的字，原简牍字形作：⿱（第6字），此字与居延简甲2230的"⿱（块）"形体接近，疑为"块"字。EPT59·6第5列的整句话当释为："积薪柴，皆不块，负八算。"

15. EPT59·9A："未尚不蒙恩也。"整理者释为"蒙"的字，原简牍字形作：⿱（该简第19字）。

按，该字与西陲简51·19的"⿱（蒙）"、曹全碑的"⿱（蒙）"形体相近，可直接释为"蒙"。EPT59·15的"蒙"字作：⿱，可资比较。"蒙恩"一词常见于典籍，例如《后汉书·光武帝纪上》："平定天下，海内蒙恩。"EPT59·9A的这句话当释为："未尚（尝）不蒙恩也。"

16. EPT59·91："长自言谓日夜自致隧前记告言长。"整理者释为"谓"的字，原简牍字形作：⿰（该简第4字）。

按，细察该字，右边的构件为"青"，整字当为"请"。"请"在这里指请求对方允许自己做某事。"请"与"自致"意义相应。EPT59·91的这段话当释为："长自言：请日夜自致隧前，记告言长。"意指"长自请命说：请您允许我每天到亭燧前记录，（将情况）报告给您。"②

17. EPT59·266："常安城中庶士以下谷它予直泉谷度足皆予者而先

---

① 2008年西南大学硕士学位论文《〈居延新简〉释文合校》（作者刘国庆，指导教师张显成）在校读EPT59·6的这句话时，依据文物本将这个字释为"棰"，恐误。参见该论文第39页。

② 2008年西南大学硕士学位论文《〈居延新简〉释文合校》（作者刘国庆，指导教师张显成）在校读EPT59·91的这句话时，依据文物本将这个字校读为"请"，但在"隧"字后断句，我们认为应在"前"字后断句（参该论文第41页）。

奏焉。"整理者释为"它"的字，原简牍字形作：〔图〕（该简第10字）。

按，此字与EPT65·26A"毋它"的"〔图〕（它）"、EPT65·314"毋它"的"〔图〕（它）"、EPF22·689的"〔图〕（它）"不类；而与武威简·士相见7的"〔图〕（也）"相似；当为"也"字。"也"在句中作语气词。EPT59·266的整句话当释为："常安城中庶士以下谷也予直泉谷，度足皆予者而先奏焉。"意为：常安城中庶士以下的谷物交给直泉谷，估计自己够用而全部缴纳的就先上报。

18. EPF16·47："格射各十余发。"整理者释为"格"的字，原简牍字形作：〔图〕（第13字）。

按，此字与EPF22·318"〔图〕（该简第25字）斗"和EPF22·319"〔图〕（该简第26字）斗"中的未释字当为同一个字。其右边的构件不为"木"，而为"才"；整字都当为"挌"。《说文·手部》："挌，击也。"段玉裁注："凡今用'格斗'字皆当作此。"EPF16·47的这句话当释为："挌射各十余发。"

19. EPF22·171："辞今月四日食时受府符诸候官"。整理者释为"诸"的字，原简牍字形作：〔图〕（该简第11字）。

按，此字左边的构件为"言"；右边构件的上部不清晰，不似"者"那么复杂，疑应为"旨"；整字当为"诣"。睡虎地简10·18的"诣"作：〔图〕，流沙简·屯戍六·19的"诣"作：〔图〕，可资比较。"诣候官"指谒见候官。EPF22·171的这句话当释为："辞今月四日食时，受府符，诣候官。"意为：本月四日食时辞别，接受官府符节，谒见候官。

20. EPF22·202："所受腊肉斤两人。"整理者释为"腊"的字，原简牍字形作：〔图〕（该简第8字）。EPF22·206："腊钱八十"。整理者释为"腊"的字，原简牍字形作：〔图〕（该简第7字）。

按，依原简牍字形，宜释为"臈"。《集韵》："腊或作臈。"《晏子春秋·谏上》："景公令兵抟治，当臈冰月之闲而寒冰，多冻馁而功不成。"

另，EPF22·203、EPF22·204、EPF22·207、EPF22·208、EPF22·209、EPF22·210、EPF22·211、EPF22·212、EPF22·213、EPF22·214等简牍上的"臈（腊）"都作此形。

21. EPF22·502："令史齐"。整理者释为"齐"的字，原简牍字形作：〔图〕（该简第13字）。

按，此字与EPF22·492"周育"的"〔图〕（育，该简第14字）"形体相同，当为"育"字。疑"周育"和"令史育"为同一个人。

22. EPF22·791："幸母过获"。整理者释为"母"的字，原简牍字形作：▨（该简第2字）。

按，该字与《熹·论语·子罕》的"▨（毋）"形体接近，当为"毋"字。该简为残简，共存5个字，其中倒数第2字（整理者释为"获"）和最后一字均残缺左边且不清晰。就词义文义而言，释为"母"，文义难通。若释为"毋"，"幸毋"指幸亏没有。EPF22·791的整句话当释为："幸毋过获▨。"

23. EPF25·15："失亡夜举苣火毋通"。整理者释为"毋"的字，原简牍字形作：▨（该简第7字）。

按，此字下部与"毋"字稍稍接近，上部却与"毋"字上部明显不同，故不应为"毋"；此字与睡虎地简15·95的"▨（卅）"和老子甲110的"▨（卅）"相似；实应为"卅"字。卅指三十。EPF25·15的这句话当释为："失、亡，夜举苣火卅通。"指有失、亡的事件发生，晚上举苣火三十次。此简记录汉时边塞的烽火信号制度。

24. EPS4T2·66："▨缓急迫。"该简为残简，现存的第1字整理者未释，其原简牍字形作：▨（该简第1字）。

按，此字殊不清晰，勉强可识上部从"宀"，疑整字为"宽"。"宽缓"正与"急迫"词义相对；且"宽缓"连用，典籍常见。"宽缓"指宽大松弛，如《韩非子·五蠹》："如欲以宽缓之政，治急世之民。""宽缓"亦可指徐缓、缓慢，如《周礼·考工记·弓人》："丰肉而短，宽缓以荼，若是者为之危弓。"以"宽缓"的这两个义项均可读通EPS4T2·66的文义，因该残简上部简文缺失，无法判断其具体所指。

25. EPS4T2·92："▨各以札▨弩。""弩"前一字，整理者未释，其原简牍字形作：▨（该简第4字）。

按，此为残简，未释出的第4字比"札"字和"弩"字小，似是原漏写，又补写在两字中间。细察当是草书的"为"字。"各"前一字残泐不清。"各以札为弩"意为：分别用札做弓弩。

26. ESC26："卅井次东隧承索一长四丈。""隧"后、"承"前还有一字作：▨（该简第6字），整理者原漏释。

按，此字清晰可辨，当为"薰"字。ESC26的整句话当释为："卅井次东隧（隧）薰（烽）承索一，长四丈。"

汉简拾遗

1972年，山东省博物馆和临沂文物组在临沂银雀山发掘出一批竹木简牍，其中一号墓出土竹简4942枚，银雀山汉墓竹简整理小组编写的《银雀山汉墓竹简》一书，拟分三辑出版，1976年出版的《银雀山汉墓竹简（壹）》包括《孙子兵法》《孙膑兵法》《六韬》《尉缭子》《晏子》及《守法守令等十三篇》。简文字体属于早期隶书，整理者推测是文、景至武帝初期这段时间内抄写而成的。

1999—2002年，额济纳旗汉代烽燧遗址出土简牍五百余枚。其形制有简、两行、牍、觚、楬、封检等（下文统称简牍），内容以行政文书居多。其时代以西汉中期至东汉早期者居多，最早纪年见汉宣帝神爵三年（公元前59年），晚者见东汉光武帝建武四年（公元28年），若从字体考察或有极少属东汉中期。2005年出版的《额济纳汉简》一书收录这批简牍。

我们就这两批汉代简牍中的文字释读提出八点自己的看法，以就正于方家。

1. 银雀山汉墓竹简·孙膑兵法第253号简："有苗民存，蜀（独）为弘。"整理者释为"民"的字，原简牍字形作：䟢（该简第2字）。①

按，此字与孙膑兵法第273号简"令民畏上也"的"氏（民，该简第33字）"和孙膑兵法第251号简第12字的"氏（民）"形体明显不同；而与《熹平石经·春秋·僖十七年》中的"氏（氏）"字形相近；应该是"氏"字。"氏"的古文字形作：ㄱ（后下21·6）、ㄱ（散盘）、ㄑ（中山王鼎）、氐（说文·氏部）；"民"的古文字形作：甲（盂鼎）、㔾（黏镈）、甲（说文·民部）、民（鲁峻碑）；比较可知古文字阶段"民"和"氏"的主要区别是"民"比"氏"在字形上部多一横画。②

---

① 银雀山汉墓竹简整理小组：《银雀山汉墓竹简（壹）》，北京：文物出版社，1976年。
② 黄文杰先生《氏民辨》一文，对"氏"和"民"的发展脉络和错综关系做了比较分析，认为在先秦时期，两字区别明显；战国后期至秦汉时期，两字时有混误，有时要靠文例加以辨别。该文刊于《容庚先生百年诞辰纪念文集（古文字研究专号）》，广州：广东人民出版社，1998年4月第1版。但银雀山汉简中两字是有区别的，应根据两者的区别特征仔细分辨。

从文义看，"民"指黎民百姓，释为"民"，文义不甚通畅；而前文作"亡有户（扈）是（氏）中国"，此处正应该是"有苗氏存"；"氏"常系于远古传说中的人物、部族及国名、国号或朝代之后，另如伏羲氏、神农氏、夏后氏等。总之，原简文当释为"氏"，"氏"即为正字；整理者释为"民"，于形于义均不契合。

另，里耶秦简 J1（17）14 正·H3"衍氏"，整理者释为"氏"的字，原简牍字形作：（该简第 4 字）。里耶秦简 J1（17）14 正·H4"衍氏"，整理者释为"氏"的字，原简牍字形作：（该简第 2 字）。其后注释："衍氏，古有衍氏邑，亦作衍邑。"张家山汉墓竹简·二年律令第 467 号简："月氏"，整理者释为"氏"的字，原简牍字形作：（该简第 39 字）。按，这三个字形都当为"民"字；从文义看，当用"氏"。这里"民"是"氏"的形近讹别字。里耶秦简 J1（17）14 正·H3 当释为："衍民〈氏〉"。里耶秦简 J1（17）14 正·H4 当释为："衍民〈氏〉"。二年律令第 467 号简当释为："月民〈氏〉"。

2. 银雀山汉墓竹简·晏子第 567 号简："晏子没而後衰"，整理者释为"後"的字，原简牍字形作：（该简第 12 字）。

按，就字形而言，此字与《说文·后部》所收小篆字形的"后（后）"、马王堆汉墓帛书·老子乙前古佚书第 1 行的"后（后）"形体相似，当为"后"字。"后"在这里指君主、帝王。《说文·后部》："后，继体君也。"《尔雅·释诂上》："后，君也。"《银雀山汉墓竹简（壹）》一书使用繁体编排，在古文字系统中，"后"和"後"是记录不同词的不同的字。晏子第 567 号简的这句话当释为："晏子没而后衰"。意为：晏子去世后，君王（之业）衰微了。

3. 额济纳汉简 99ES17SH1∶2 第 3 栏第 1 行第 1 字作：，整理者原释为"钱"。[①] 按，此字与该简牍第 3 栏第 3 行第 5 字""形体相近，当为同一个字；第 3 行第 5 字整理者原释为"札"；则第 1 行第 1 字也应为"札"。另，2000ES7SF2∶18 倒数第 3 字的"札"作：，可资比较。《说文·木部》："札，牒也。"徐锴系传："牒，木牍也。"札在两汉之前指用

[①] 魏坚、白音查干、谢桂华、李均明：《额济纳汉简》，桂林：广西师范大学出版社，2005年。

作书写载体的小竹木。《汉书·司马相如传》："上令尚书给笔札。"颜师古注："札，木简之薄小者也。时未多用纸，故给札以书。"孔颖达注疏《春秋序》："简、札、牒、毕，同物而异名，单执一札谓之为简，连编诸简乃名为策。"

该简牍第 3 栏第 3 行第 1 字作：㭕，整理者原释为"橄"。按，此字左边的构件与上两字左边的构件相似，当为"木"；此字右边的构件当为"反"；整字当为"板"。"板"在这里指将木头分割成的薄片，用作书写材料。

99ES17SH1：2 这片木牍共 36 字，从上到下分 4 栏：最上面是一"出"字；第 2 栏分"三月""财用"两竖行；第 3 栏共 3 竖行，分别是"札四百""入两行二百""板廿三尺札百"；第 4 栏共 1 竖行"居摄二年正月壬戌省卒王书付门卒蔡愊"。这是一支记录出物的简牍，其中第 3 栏的"札""两行""板"是同一类型的器物，都可用来书写。

4. 额济纳汉简 2000ES7S：2B："望一斗"。整理者释为"望"的字，原简牍字形作：𦥑。

按，此字与额济纳汉简 2000ES7S：1"望大积薪"的"𦥑"（望）字形不类；实应为"封土"二字，其中上字与银雀山汉墓竹简·孙膑兵法第 113 号简的"封"（封）、熹平石经·论语校记的"封"（封）字形相似，其中下字与《说文·土部》所收小篆字形的"土"（土）、睡虎地简 13·56 的"土"（土）字形相似。就词义文义而言，释为"望"，于文义难通；"封土"指所堆之土，"封土一斗"指堆土一斗；可见释为"封土"文义顺畅。

5. 额济纳汉简 2000ES7S：4B："十七"。整理者释为"十七"的两个字，原简牍字形作：𠃌。

按，此上字横长竖短，当为"七"。下字横短竖长，当为"十"。此两字当为"七十"。该简只有这两个字，表示数目七十。

6. 额济纳汉简 2000ES7S：28 第 3 行第 2 字整理者未释，原简牍字形作：馬。按，原字模糊不清，细察似为"马"字。睡虎地简 25·44 的"马"作：馬，《史晨碑》的"马"作：馬，可资比较。

下一字（该行第 3 字）整理者未释，原简牍字形作：白。按，此字应为"白"。《说文·白部》所收小篆字形的"白"作：白，银雀山汉墓竹简·孙膑兵法 109 的"白"作：白，可资比较。

汉简拾遗

下一字（该行第 4 字）整理者未释，原简牍字形作：▨。按，此字似为"者"。马王堆汉墓帛书·春秋事语第 8 号简的"者"作：▨，可资比较。

第 3 行的这三个字应为"马白者"。居延新简 EPT57·22 的"白马"二字作：▨（第 1 字）、▨（第 2 字），居延新简 EPT57·27 的"白马"二字作：▨（第 1 字）、▨（第 2 字），可资比较。

第 3 行多数字磨灭不清，其中第 8 字、第 9 字整理者未释，原简牍字形作：▨、▨。按，似为"力作"二字。睡虎地汉墓竹简·为吏之道第 19 号简的"力"作：▨，马王堆汉墓帛书·春秋事语的"力"作：▨；睡虎地汉墓竹简·秦律十八种第 50 号简的"作"为：▨，马王堆汉墓帛书·老子甲本的"作"为：▨；可资比较。"力作"指努力劳作，典籍常见用例，比如《韩非子·六反》："力作而食，生利之民也。"

7. 额济纳汉简 2000ES9SF4：32："会正月十三日至子张母未到□"。整理者释为"未"的字，原简牍字形作：▨（该简第 11 字）。

按，细察字形，两横之间似有笔画，恐为"来"字。就词义文义而言，"来到"表达的是时间点，而"未到"表示的是一段时间。从"正月十三日"至"子张母未到"表达的时间不确定；而从"正月十三日"到"子张母来到"的那天，表达的时间才是确定的。总之，2000ES9SF4：32 的这句话当释为："会正月十三日至子张母来到□"。

8. 额济纳汉简 2000ES9SF4：16A："辛酉日入遣"。整理者释为"遣"的字，原简牍字形作：▨。

按，就字形而言，此字与下文"遣之"的"▨（遣）"、2000ES7S：33 的"▨（遣）"、2000ES14SF1：3 的"▨（遣）"不类；而与武威汉简·士相见之礼第 7 号简第 9 字的"▨（还）"、士相见之礼第 7 号简第 20 字的"▨（还）"相似；当为"还"字。就词义文义而言，若释为"遣"，"入遣"于义难通；若释为"还"，《说文·辵部》："还，复也。"《尔雅·释言》："还、复，返也。""入还"指返回、返还。"辛酉日入还"指在辛酉这一天返还。释为"还"，文义通畅。

（原载《昆明学院学报》2015 年第 4 期）

利用武威汉墓《仪礼》校正通行本《仪礼》一则

——论"父"字当为"久"字

通行本《仪礼·士相见礼第三》有这样一段话:"凡与大人言,始视面,中视抱,卒视面,毋改。众皆若是。若父,则游目,毋上于面,毋下于带。若不言,立则视足,坐则视膝。"①

相应的句子出现在《武威汉简·甲本士相见之礼》第12号简,整理者释读为:"凡与大人言,始视面,中视袍,卒视面无改,终皆如是;如父则游目,无上于面,无下于带;立则视足,坐则视膝。"②

对于这两个版本存在的异文,分析如下:(1)通行本用"抱",简本作"袍(袌)"。抱指从衣领下面至腰带之间,代表的范围比袍具体。"抱"与"袍"字形相近而致写混。就文义而言,两字均可通。③ (2)简本的"无"和通行本的"毋"在先秦两汉的典籍中常通用,不烦举例;郑玄注:"古文毋作无";简本的三个"无"均通"毋",表示劝阻或禁止,可译为"不要""别"。(3)通行本的"众"当依简本作"终"。郑玄注:"众,谓诸卿大夫同在此者。皆若是,其视之仪无异也。今文众为终。"郑玄增字为训,将"众"解释为"诸卿大夫同在此者",增加了"同在此"来理解;且从郑玄的注释中,我们弄不清楚"诸卿大夫同在此者"是作为"视"的施事者呢还是受事者呢?贾公彦疏:"'与众言,言忠信慈祥'者,此文承

---

① 字句依《十三经注疏附校勘记》《四部备要·经部·仪礼郑注》和《仪礼译注》。三个本子这段话的字句一致。参(清)阮元校刻:《十三经注疏附校勘记》,北京:中华书局影印,1987年;上海中华书局据相台岳氏家塾本校刊:《四部备要·经部·仪礼郑注》;李景林、邵汉明、王素玲注译:《仪礼译注》,长春:吉林文史出版社,1995年。

② 释文依原整理者,标点为笔者所加。文中的《武威汉简》都参甘肃省博物馆、中国科学院考古研究所:《武威汉简》,北京:中华书局,2005年。

③ 李景林、邵汉明、王素玲注译的《仪礼译注》(第54页)注释二十九:"中视抱:抱:衣领下至带之间。谓既进言,视抱,容听者思之,同时,视于下面,表示尊敬。"贾公彦疏:"案《曲礼》:'天子视不上於袷。'袷,交领也。'不下於带',上於袷则敖,下於带则忧。"可见,"抱"与"袍"都讲得通,需要更多的证据才能确定哪个是正字。

老幼之下，亦非朝廷之臣，但是乡间长幼共聚之处，使之行忠信慈善之事也。"① 依贾公彦疏，"与众言"的"众"指乡间长幼，而用"乡间长幼"来理解"众皆若是"，文义显然不通。总之，若依"众"字理解，"众"所表意义不明。若以"终"字读之，"终皆若是"指"直到最后都像这样"，文义畅通。(4) 简本两个"如"的意义分别与通行本两个"若"的意义相同，即简本的"如"和通行本的"若"均可通。(5) 通行本在"立则视足"前有"若不言"三字，文义更加通畅，简本当补。

我们这里要讨论的是文句中的"父"字。武威汉简整理者释为"父"的字，原简文字形作：⺇，明显是"久"字。《睡虎地秦墓竹简》第25号简的"久"字作：⺇；《银雀山汉墓竹简（壹）·孙膑》第46号简的"久"字作：⺆；《说文·久部》所收小篆的"久"作：⺆；《久不相见镜》的"久"字作：⺇。《毛公鼎》的"父"字作：⺈；《马王堆汉墓帛书（壹）·老子甲本》第14行的"父"字作：⺇；《马王堆汉墓帛书（叁）·纵横家书》第208行的"父"字作：⺇。将武威汉简第12号简的"⺇"分别与"久"和"父"的古文字字形相比较，可以看出我们要讨论的这个字形毫无疑问是"久"字。武威汉简整理者依据通行本直接将"⺇"隶定为"父"，与原简文字形不合。该句释文当为："如久则游目"。

那么简本的"久"字和通行本的"父"字哪个是正字呢？我们认为"久"是正字，这里的"久"指长久、时间久。"久"比"父"更加契合文义，理由有三：

第一，这段文字出自《仪礼·士相见礼第三》，② 其上文作："与君言，言使臣。与大人言，言事君。与老者言，言使弟子。与幼者言，言孝弟于父兄。与众言，言忠信慈祥。与居官者言，言忠信。"通篇讲的是士与外人交往（主要是交谈）时的礼节，其中论及了"君（国君）""大人（地位比自己高的官员）"③"老者（社会上年纪大的人）""幼者（社会上年纪小的

---

① 若依"众"字，"众皆若是"的上文有"与众言，言忠信慈祥"的句子，两个"众"所表示的含义应该一致。
② 《仪礼》主要记述了冠、婚、丧、祭、乡、射、朝、聘等礼仪制度；其中的《士相见礼》记述了士的交接礼节，该篇首先对士与士初次相见的礼物赠送、应对、复见等仪节做了详细说明，然后依次叙述士见大夫、大夫相见、士大夫见君等礼仪。
③ 郑玄注："大人，卿大夫也。"联系上下文，笔者认为这里的大人当指地位比自己高的人。

人)""众（普通百姓、广大群众）"①"居官者（当官的人）"；而父亲是自己家里的人，不在所论之列。若论述与父亲相见，应当以子的身份而不是以士的身份来谈。《士相见礼第三》终篇都没有提及与父亲交往的问题，若读为"父"，"父"在这里突然出现，十分突兀。

第二，仪礼对于礼节仪式的规定是以实践为目的的，语言讲究具体明确。若依"父"字理解，那么"凡与大人言，始视面，中视抱，卒视面，毋改。众皆若是。"描述与大人交谈时的情形；"若父，则游目，毋上于面，毋下于带。"描述与父交谈时的情形；然而下文"立则视足，坐则视膝"是讲与"大人"交谈的礼节呢，还是讲与父亲交谈的礼节呢？还是讲与大人、与父亲交谈都该如此呢？很难说清。

第三，学者们已经指出此简牍为墓主平日研习所用，若"久"为误字，应当会被发现并加以削改，其他简中即有被削改的文字。此字未改，应是因为根据墓主对仪礼的理解和日常的礼仪规范，"久"即为正字。这可以作为一个辅证。

就"终"字和"久"字而言，简本更好地保持了《仪礼》原貌；再依通行本补出"若不言"三字，简本整段释文为："凡与大人言，始视面，中视袍，卒视面无改，终皆如是；如久则游目，无上于面，无下于带；[若不言]，立则视足，坐则视膝。"整段话意思是说：凡与地位比自己高的人交谈，开始时望着对方的面部，中间的时候望着对方的袍子，最后又望着对方的面部，直到谈话终了；如果时间较长，就游移目光，目光向上不能超过面部，向下不能超过腰带；[沉默不言时]，站着就望对方的脚，坐着就望对方的膝。②整段话都是在讲与"大人"交谈时自己的目光应该怎样。照人情来讲，如果交谈的时间很长，一直盯着对方的脸看也是不礼

---

① 郑玄注："众，谓诸卿大夫同在此者。皆若是，其视之仪无异也。"贾公彦疏："'与众言，言忠信慈祥'，此文承老幼之下，亦非朝廷之臣，但是乡间长幼共聚之处，使之行忠信慈善之事也。"按，郑玄将"众"解释为"诸卿大夫同在此"，显然是增字为训；贾公彦疏中的观点很有说服力；故从贾说。

② 郑玄依据通行本的字句，做了注释："始视面，谓观其颜色可传言未也。中视抱，容其思之，且为敬也。卒视面，察其纳己言否也。毋改，谓传言见答应之间，当正容体以待之，毋自变动，为嫌解惰不虚心也。众，谓诸卿大夫同在此者。皆若是，其视之仪无异也。子於父，主孝不主敬，所视广也，因观安否何如也。不言则伺其行起而已。"郑玄的注释存在两个问题：第一，礼节应具有一定的普遍性，经郑玄的解说，这一礼节便只能在一个狭小的范围内适用。第二，大量的增字为训，比如"毋改"就加上了"传言见答应之间，当正容体以待之"来理解，显然带有郑玄的主观色彩。若以"终"和"久"为正字来理解，则无须增字为训，文句就很通顺。

貌的，应该游移一下目光，但如果目光过高高于面部或过低低于腰带，就会给人高傲、忧虑或不耐烦的感觉，也是不礼貌的，于是限定了目光游移的范围。总之，"久"为正字，文义贯通无碍；通行本当依简本将"父"改读为"久"。

《武威汉简·甲本士相见之礼校记》第十二条注释为："郑注：'今文父为甫'。"按，"父"与"久"字形相近，因此郑玄所注的古文经就已经将"久"讹为"父"，而郑注所谓的今文经则进一步写作音同的"甫"。

总之，整理者受通行本及郑注影响，将"久"直接释为"父"，既不符合原简文字形，也不符合文义。我们认为原字当释为"久"，从文义看"久"就是正字。此字关系到对古代礼仪的认识，故详论之。我们利用出土的武威汉简校正了传世典籍，出土竹简对于校正传世典籍的意义，时贤颇多论述，此例亦甚可说明问题。

概括起来，这一段话体现了与人交往、注视他人时应遵循的四条原则：第一，与人交往时应正视，即平视对方，而不是无视、虚视、斜视、扫视或睨视对方。第二，与人交谈时，所应注视对方的最佳部位为对方的头部，尤其是双眼。目视他方或注视腰部以下的部位都是不妥的。第三，不盯视他人，即不长时间地注视对方的双眼或面部。第四，不说话时，目光要低，以显示自己的谦逊和庄重。这些原则在当今社会的人际交往中依然是适用的，相关内容金正昆先生在《礼仪365》中有详细论述。①

(原载《昆明学院学报》2012年第1期)

---

① 参见金正昆：《礼仪365》，北京：同心出版社，2005年，第240—244页。

释"发"兼论秦汉公文收发管理制度

一、释"发"

长沙东牌楼东汉简牍第5号简正面第11行第7字作：，整理者原释为"若"，其后注释[十四]云："此五字为浓墨草书。最后一字'若'，字形除末多一捺笔外，与同地所出孙吴简牍《录事掾潘琬白为考实吏许迪割用余米事》所见'若'几乎完全相同。而加此捺笔，即为后世所谓'凤尾诺'之一种。关于孙吴简牍所见'若'，参阅：王素《长沙走马楼三国吴简研究的回顾与展望》。"

此字出于《光和六年（一八三年）监临湘李永、例督盗贼殷何上言李建与精张诤田自相和从书》最后一行，此篇原文作："光和六年九月己酉[朔][十]日戊午，监临湘李永、例督盗贼殷何叩头死罪敢言之。中部督邮掾治所檄曰：[民]大男李建自言大男精张、精昔等。母姃有田十三石，前置三岁，[田]税禾当为百二下石。持丧葬皇宗事以（已），张、昔今强夺取[田]八石，比晓，张、昔不还田。民自言，辞如牒。张、昔何缘强夺建田？檄到，监部吏役摄张、昔，实核[田]所，畀付弹处罪法，明附证验，正处言。何叩头死罪死罪。奉桉檄辄径到仇重亭部，考问张、昔，讯建父升辞，皆曰：升罗，张、昔县民。前不处年中，升娉（？）取张同产兄宗女姃为妻，产女替，替弟建，建弟颜，颜女弟条。昔则张弟男。宗病物故，丧尸在堂。后[姃]复物故。宗无男有余财，田八石种。替、建[皆]尚幼小。张、升、昔供丧葬宗讫，升还罗，张、昔自垦食宗田。首核张为宗弟，建为姃敌男，张、建自俱为口分田。以上广二石种与张，下六石悉畀还建。张、昔今年所[畀]建田六石，当分税张、建、昔等。自相和从，无复证调，尽力实核。辞有[后]情，续解复言。何诚惶[诚]恐，叩头死罪死罪敢言之。监临湘李永、例督盗贼殷何言实核大男李建与精张诤田自相和从书　诣在所。九月　其廿六日若。"

按，整理者将之释为"若"，于义难通。这段文字写于封检①之上。第一行写年月日某某敢言之；第二行至第九行写正文的内容；第十行写"监临湘李永、例督盗贼殷何言实核大男李建与精张浄田自相和从书"，空格下写"诣在所"；第十一行写"九月（下空格）其廿六日 ✍"；其中第一行到第十行是同一人用规整的隶书书写，第十一行为草书，明显不为同一人笔迹，第十一行应是后来加上去的。

我们认为此字当为"发"。从字形看，此字与居延新简（甲渠候官）EPT59·810"郁卿发"的"✍（发，该行第3字）"、居延新简（甲渠候官）EPF22·325B"史将军发羌骑百人"的"✍（发，该行第4字）"形体相同；与武威医简第48号简第8字的"✍（发）"形体相似；将之与里耶秦简J1⑧152背·12的"✍（发）"、里耶秦简J1⑨10正·H1·19的"✍（发）"、里耶秦简J1⑨12·倒8的"✍（发）"相比较，我们要讨论的字形是"发"简省草率的写法。

长沙东牌楼东汉简牍第8号简第7行"十月十一日□"，整理者未释出的字，原简牍字形作：✍（该行第6字）。其后注释〔四〕云："'十月十一日□'五字为粗笔大字。"按，此字与上文讨论的长沙东牌楼东汉简牍第5号简正面第11行第7字形体相似而更加潦草，当为同一个字，也是"发"字。此句出自《兼主录掾黄章上太守书》，也是写在封检之上，正文用隶书，此句处于最后一行，用草书写于左下角，其文例与第5号简正面第11行"其廿六日发"相同。第8号简第7行应释为"十月十一日发"。

就词义文义而言，《广雅·释诂三》："发，开也。"《战国策·齐策四》："齐王使使者问赵威后，书未发，威后问使者曰：'岁亦无恙耶？'""发"指打开。里耶秦简J1⑧152背："四月甲寅日中，佐处以来。欣发。处手。"其后注释〔四〕："欣，人名。发，拆阅文书。"里耶秦简中多处出现此种用法的"发"，睡虎地秦简、居延汉简和张家山汉简也都出现这种用法的"发"。这些文例中的"发"指由某个机关或个人在某个时间将公

---

① 依据整理者的命名和分类。"检"是公文的一种文书形态，在文书档案制度中的使用可上溯到秦汉时期。"检"是一块题署主题、收发单位等信息的木板，上设封泥，起到封缄各种物品和简牍文书的作用，确保文书流转的严密性。这里"封检"还包括公牍文书本身。史籍常出现"检""案检"等专有名词，还有"书检""押检"等行政术语。

文打开、审阅。长沙东牌楼东汉简牍第5号简第11行当释为:"九月,其廿六日发",意指九月二十六日开启此公文。第8号简第7行应释为:"十月十一日发",意为十月十一日拆阅此公文。这显然是收到封检的人在打开公文并审阅之后,随笔在封检上署明自己拆阅的日期。

"发"在长沙东牌楼东汉简牍中用在日期的后面。而在里耶秦简中则主要用在人名的后面,比如J1⑨981背:"九月庚午旦,佐壬以来。扁发。壬手。"J1⑧152背:"四月甲寅日中,佐处以来。欣发。"其中"扁"和"欣"都是人名。"发"前还可以是机关名或官职,例如J1⑨1正面:"四月己酉,阳陵守丞厨敢言之:写上谒报,[报]署金布发,敢言之。儋手。"其中"金布"是职官名。①再如J1⑧155正面:"廷主户发。""主户"是官职名。而上文各句中的"发"都指拆阅公文。

有学者认为以上诸文例中的"发"是发出的意思,指将公文邮递出去;我们认为"发"指打开公文并审阅。理由是:第一,从行文格式和不同的书写风格判断,第5号简正面第11行的"其廿六日发"和第8号简第7行的"十月十一日发"都处在公文左下角,都使用草体,书写简率,而其上文则使用隶书,书写工整,明显不为同一人笔迹,应是不同的两个人在不同的时间写上去的,若"发"指发出,则一个人即可写就,亦无必要变换字体。第二,发出公文秦汉时期有专门术语,一般用"起""起府""下"等词。例如居延新简(甲渠侯官)EPF22·482:"起鉼庭燧第卅六燧长王阳留檄。"居延新简(甲渠侯官)EPF22·459:"建武三年六月戊辰起府。""起府"一句另起一行,写于左下,表明该文书于建武三年六月戊辰日发出。"起"和"起府"多用于平行级别的机构之间,指公文被送出、将公文向外传达。"下"表明上下级关系,指上级向下级传达公文。如《王杖十简》第2行至第3行:"制诏御史曰:年七十受王杖者比六百石,入宫廷不趋,犯罪耐以上毋告劾,有敢征召、侵辱者比大逆不道。建始二年九月甲辰下。"第三,"发"前面的日期是收到公函的日期;而成文和最初发出公文或书信的日期多数作为"首称"的一部分出现在全文之始,即

---

① 里耶秦简中"金布"一词指秦代的一级国家机构,同时又是职官名称。"金布"的职责之一是为国家及私人追讨欠债。这一职责亦见于睡虎地秦墓竹简、张家山汉简以及居延汉简等简牍。同时,"金布"还负责国家废旧物资的变卖处理、规范市场经济秩序及对损害公物的赔偿等。此注参朱红林:《里耶秦简"金布"与〈周礼〉中的相关制度》,《华夏考古》2007年第2期。

公文的起始要标明书写的年、月、日，以及当月的朔日。① 公文末尾"发"字前的日期不可能指公文撰写并发出的日期，所以"发"不是发出的意思。

二、秦汉公文的收发管理制度

公元前221年，秦始皇统一中国后，为巩固中央集权统治，在全国修驰道，建立以国都咸阳为中心的驿站网，制定邮驿律令，规定公文封检捆扎泥封的方式，设置档案机构及其保管官员。汉代邮驿律令继承秦朝，并规定五里一短亭，十里一长亭，三十里置驿。邮驿除了一小部分用于为普通百姓提供信件和物资的转运之外，主要用于承担国家政务信息的上传下达和军事情报乃至军用物资的传递和营运。前文《光和六年（一八三年）监临湘李永、例督盗贼殷何上言李建与精张诤田自相和从书》中提到的"督邮掾"就是监督邮书传递的官职。

中国古代的书信实际上包括公牍和私函两大类，前者是行政机构在运作过程中所使用的公务文书，包括臣下向皇帝的陈言进词、官府往来书信、各级政府机构之间下发和上报的所有政令、法律条例、文告、请示以及情况汇报等相关文书；后者指私人之间的各种书信。公牍文书（简称公文）分为下行公文、上行公文、平行公文三种，公文用文字来传递和记载信息，是政府机构之间传达政令、交换信息的最主要载体，是管理公务、临民治事的工具。

秦时公文的分类详细、用语固定，不但设立了传送公文的专职机构——邮，还制定了规范文书传送的法律——《行书律》，并设有专门保管往来文书的机构——书府，形成以文字为媒介的行政文书制度和以行政文书为媒介的郡县管理系统。汉代的公文制度则更为完善，诸如文书的拟制、传递、封装、收发等运行系统已经严格化、规范化。下文就秦汉公文收发管理制度成熟的表现，略谈一二。

第一，公牍文书成文遵循固定的行文格式和用语习惯，发送时加检密封，并加封泥盖印以保密。

《光和六年（一八三年）监临湘李永、例督盗贼殷何上言李建与精张

---

① 这一时期也有一些公文的成文日期是署于文末的，据李均明先生考证，这类公文主要是诏书，如《居延新简》EPT53·70A："地节三年八月辛卯下。"

净田自相和从书》就很好地体现了这一点。此公文第一行是"首称",交代成文时间及发文者,其格式为某年月日某某敢言之;第二行至第九行是"正文",详述事情原委,因是上行文书,故有"叩头死罪死罪"等结语;第十一行是"文题",即用一句话概括正文内容。而签收的人将开启时间或审阅者等信息签署在公牍左下角。

公文定稿并缮写好之后,须在公文简牍上加一板(叫作"检"),在"检"上写寄信人(或机关)和收信人(或机关)的姓名(或名称)、地址、主题等,然后将两板合好捆扎,在打结的地方涂上黏土,盖上阴文印章。比如《光和六年(一八三年)监临湘李永、例督盗贼殷何上言李建与精张净田自相和从书》简牍的背面有方形和米字形线条,应该就是捆绑的痕迹。

第二,公文的传递及答复要及时,公文收到之后应签署、登记。

发出公文或收到公文要进行详细登记,《秦律十八种·行书律》中有如下规定:"行传书、爰书,必书其起及到日月夙暮,以辄相报也。书有亡者,亟告官……书延辟,有曰报,宜到不来者,追之。"这说明传送或收到文书,必须登记发文或收文的月日朝夕,以便及时回复。《张家山汉墓竹简·二年律令》第269至270号简:"发致及有传送,若诸有期会而失期,乏事,罚金二两。非乏事也,及书已具,留弗行,行书而留过旬,皆盈一日罚金二两。"这是有关公文延误的法律条文。里耶秦简J1⑧156:"四月丙午朔癸丑,迁陵守丞色下少内,谨案致之,书到言,署金布发。它如律令。欣手。"其中的"书到言"就是县廷要求少内接到文书后,给以答复,及时告知县廷文书已经收到。

即便在作为档案存留的文书中,也要标明文书收到与发出的时间,如里耶秦简J1⑧133背:"八月癸巳,迁陵守丞从告司空主:听书行事。起行司空。八月癸巳,水下四刻,走贤以来。行手。"详细记录了收发文书的时间。抄写文书的官吏和文书的拆看人也要在文书的末尾注明。如里耶秦简J1⑨981背:"九月庚午旦,佐壬以来。扁发。壬手。"表明开启文书的是"扁",手抄备份件的是"壬"。从简文内容看,应是公文档案登记性质的文档,再如里耶秦简J1⑧152背:"四月甲寅日中,佐处以来。欣发。"只有收文日期、送件人、开启人等简单信息,可见是对所收公文的登记。

第三,重视对档案的收藏、保管。

现已出土的简牍文献许多是官署保存的政府文书。当时各级政府将收到的文书誊抄存档,将外发的文书抄写备份,将往来公文作为政府档案存留。里耶古井所见的行政文书大多数是迁陵县署留作存档的原件和副本,其中作为档案存留的副本,都在文书末尾注明抄手的名字,如J1⑨1正:"四月己酉,阳陵守丞厨敢言之:写上,谒报、署金布发。敢言之。儋手。"这是由儋誊写的副本。①

  公文在形成和流转过程中产生了"正本""副本""存本"等不同的形式。"正本"是根据定稿制成的最初签发的正式文件,格式规范并盖有发文机关的印章或负责人的亲笔签署,正本文书一般都曾进入行政传递程序,有不同官吏经手的痕迹,有签收或发送文书的记录。"副本"是根据正本誊抄的文本,包括最高统治者向全国郡、县各级政府群发的诏书、法令及作为资料保存于官署的文书档案,在形式和内容上与相应的正本完全相同或部分相同。②"存本"是指发文机构在文件的正本制作完成后,誊抄一份留存以备查考的文本,是副本的一种。正本和副本都可能出现"某发"字样,正本中的"某发"出现在文末,其笔迹和书体常与正文不同;副本中的"某发"出现在行文中,其字体与同篇的其他文字相同,且其后常加"某手"表示副本是某某誊抄。从公文的封发形式看,正本一般加检、用封泥密封以保密,副本通常不用。总之,将公文存档保管,使得各项政务的处理有据可查,保证国家机器正常运转。

  综上所述,秦汉时期行政文书的收发制度已经成熟和完善,在对既有文书的备案、存档、保管、收藏及对文书副本的制作、保存上,也形成了严密、系统的管理制度。行政文书的上行下达,成为维系中央和地方、统治者与民众的主要纽带,更是维持郡县体制正常运行的主要手段。

(原载《西南学林2015》,2016年4月)

---

① 对于里耶秦简李学勤先生最早指出这批文书"是秦迁陵县的官署档案,其中政府之间往来文书的原件及其副本占了相当的比例",点明这批文书是县级政府中作为档案储存的原件和副本。

② 我们这里主要讨论的是公牍文书,书籍的写副亦可称为副本。

《长沙东牌楼东汉简牍》释文商榷

　　《长沙东牌楼东汉简牍》是 2004 年在湖南省长沙市东牌楼建筑工地第七号古井出土的，其中包括有字简牍 206 枚，总字数在五千上下，其主要内容属于邮亭文书。其所见的形制可以分为封缄、封匣、封检、木牍、木简、名刺、签牌及异形简等，我们在下文中统称为简牍。整理者将这批简牍的时代大致定为东汉灵帝时期。这批简牍显示的书体非常丰富，不仅有篆书、隶书、草书，还有早期行书、楷书。这批简牍资料对于研究东汉文书的形式、传送方式及当时的历史、地理具有重要价值，备受学者关注。原简牍字词的释读是一切研究的基础，本文就文字释读提出几点自己的看法，以就教于方家。

　　1. 第 5 号简牍正面第 2 行："大男李建自言大男精张、精昔等。"整理者释为"昔"的字，原简牍字形作 ▆（该行第 22 字）。此句后整理者注释："'昔'原作'箮'。《龙龛手镜》出'箮'云：'《随函》音昔。'疑'箮'与'箮'为一字，均为'昔'之俗别。"①

　　按，"昔"的甲骨文字形作：▆（菁 6·1）、金文字形作：▆（昌鼎）、小篆字形作：▆（说文·日部），隶书、楷书的"昔"字将篆书"昔"字的笔画拉直并连接作：▆（郙阁颂）；"昔"字的古文字形下部都从"日"；而我们要讨论的字形下部明显不为"日"。细察原简牍字形，我们认为第 5 号简正面第 2 行第 22 字应是上从"艹"、下从"酉"的"箮"字；"酉"的古文字形作：▆（粹 28）、▆（臣辰盉）、▆（说文·酉部）、▆（睡虎地简 10·12）、▆（新承水盘）；我们要讨论的字形下面部件正与睡虎地简中的"酉"字相似。《集韵·尤韵》："箮，漉取酒也。或作箮。"②"箮"由漉酒义引申为酒、无底竹筐等义，"箮"表酒、表竹筐的意义都可以用为人名。

---

　　① 长沙市文物考古研究所、中国文物研究所：《长沙东牌楼东汉简牍》，北京：文物出版社，2006 年，第 74 页。
　　② 汉语大字典编辑委员会：《汉语大字典（缩印本）》，湖北辞书出版社、四川辞书出版社，1992 年，第 1239 页。

另，第 5 号简正面第 3 行还有四个"箐"字，都作此形，都用作人名。

2. 第 5 号简牍正面第 7 行："首核张为宗弟，建为妊敌男。"整理者释为"敌"的字，原简牍字形作：̇（该行第 11 字）。

按，细察简牍字形，发现此字并非从"啇"从"攵"，而是从"商"从"欠"，整字当隶定为"歜"，是个错字；正字当为"敌"；因构件"商"与"啇"、"攵"与"欠"形体相近而分别写讹。从词义文义看，"敌"当读为"嫡"，"敌"为定纽锡部，"嫡"为端纽锡部，两者韵部同、声纽同为舌音，读音相近，可以通借。第 5 号简牍正面第 7 行的这句话当释为："建为妊歜〈敌（嫡）〉男。"意为建是妊的嫡长子。整理者释为"敌"而无解说，于形于义均不契合。

3. 第 35 号简牍反面："不数承置。"整理者摹释为"置"的字，原简牍字形作：̇（该简第 16 字）。

按，历代字书无"置"字，"置"不成字，摹释为"置"而无解说，实际上并未释出该字。我们认为此字当隶定为"亘"。明代赵宧光《说文长笺·面部》："亘，面本字。"① "面"字的《说文》小篆字形作：̇，隶书字形作：̇（熹平石经）；相比较可以看出，我们要讨论的第 35 号简牍反面第 16 字"̇"是"亘"简省草率的写法。就文义而言，"承"是个敬词，意为"逢迎""蒙受"，《古今小说·葛令公生遣弄珠儿》："禀道：'承恩相呼唤，有何差使。'"② "承面"的"承"和"承恩"的"承"意义相同，均表示客套，"不数承亘（面）"指无法经常见面。"承面"当为汉代人们表示"与对方见面"的客气说法，这一习语未收录于《汉语大词典》，当补。总之，第 35 号简牍反面第 16 字当释为"亘"，"亘"是"面"的异体字。"承面"指承蒙与您相见。

4. 第 55 号简牍正面第 3 行有"不知奈其人不□"的句子，在第 17 字"其"与第 18 字"人"之间有这样一个字形：̇。整理者将之忽略，未加释读。

按，在"其"和"人"的中间的左边多此小字，细察当为"何"字，

---

① 汉语大字典编辑委员会：《汉语大字典（缩印本）》，湖北辞书出版社、四川辞书出版社，1992 年，第 1829 页。

② 汉语大词典编辑委员会：《汉语大词典》第 1 册，汉语大词典出版社，1994 年，第 771 页。

书写者所加的位置不当，实应加在"奈"字与"其"字中间，"奈何"是文言中的一个常用词组，意为"怎么样、怎么办"，不烦举例。

另，该行第 20 字（"不"的下一字），原简牍字形作：☒，整理者未释出。我们认为此字当为"可"，原字残泐，构件"口"的下面部分和笔画竖钩的上面部分不甚清晰。

第 55 号简牍正面第 3 行的这句话应作"不知奈何其人不可"，其前文作"断绝往来，闻言颇差，又有米在此"。整段话意为：断绝往来，听到的话有很大出入，又有米在这里，不知道拿那人怎么办。"奈何……不可"意即无可奈何。

5. 第 55 号简牍背面："明日当□，小大复告。"其中第 14 字（"当"的下一字），原简牍字形作：☒，整理者未释出。

按，此字左边的构件与第 55 号简背面第 3 行第 6 字☒（此为"许"字）左边的构件相同，都是"言"的草写；此字右边的构件上面从"匕"、下面从"曰"，当为"旨"；整字当为"诣"。"诣"指晋谒、造访，即指前往朝廷、上级或尊长之处，如《桃花源记》："及郡下，诣太守，说如此。"第 55 号简牍背面的这句话当释为"明日当诣，小大复告"。意为：明天前去拜访，再详细地告诉您。

6. 第 55 号简牍背面第 2 行："□妇已去，怒力□小儿，勿使行亏。"其中第 1 个字和第 7 个字整理者未释出，其原简牍字形分别为：☒、☒。

按，此两字均书写草率且不清晰，我们认为第 1 字当为"直"的草书字形，在这里读为"值"，意指正值、遇到、碰上。第 7 字当为"警"的草书字形。另第 5 字下部从"心"，整理者隶定为"怒"，不误；但从文义看，当读为"努"。该段释文当为："直（值）妇已去，怒（努）力警小儿，勿使行亏。"意为：正当妻子已经离去，我努力警励儿子，不使他行为有亏损。

7. 第 110 号简牍第 1 行："昔一竈。"整理者释为"昔"的字，原简牍字形作：☒（该行第 7 字）。

按，细察此字，上面的构件为"艹"是毫无疑问的，利用笔程追溯法分析该字下面的构件：第一笔是向右斜的竖笔（稍短），第二笔是横折，这两笔构成倒三角的形状是"口"的简率写法；下面的"口"由三笔构成（竖、横折、横），是"口"的标准写法，但其左边的竖笔稍长，致使整理者误释；在两"口"中间有一短竖相连，这是"吕"有别于"昌"的区别性笔画。①《说文·吕部》所收小篆的"吕"字作：㔾，《西狭颂》的"吕"字作：吕，中间都有短竖相连；《说文·艸部》的"莒"字作：茊，与我们要讨论的第110号简牍第1行的"茊"相似。总之，我们要讨论的第110号简第1行第7字从艹、从吕，当为"莒"字，《说文·艸部》："莒，齐谓芋为莒。从艹，吕声。"②

另，该行第9个字，原简牍字形作：䉋，整理者原释为"竉"。按，细察此字，上不从"穴"，而从"罒"（即网）；下面的构件明显是"龙"；整字当隶定为"罼"，可以看作"笼"的异体字；"罼"以"罒"为义符，取义于以网状的形式编织笼子；"笼"以"竹"为义符，取义于编织笼子的材料主要是竹片。

总之，第110号简牍第1行应释为："莒一罼（笼）。"意为：芋头一箩筐。

8. 第110号简牍第2行："皮席一枚。"整理者释为"皮"的字，原简牍字形作：（该行第1字）。第110号简牍第3行："皮二席一枚。"整理者释为"皮"的字，原简牍字形作：（该行第1字）。

按，使用笔程追溯法分析字形，这两个字都由三笔构成：一横、一长撇、一捺，整字当为"丈"。从词义义义看，典籍未见"皮席"的说法，"皮二席"的说法尤其讲不通。但若将第110号简牍第2行第1字和第3行第1字释为"丈"，"丈"为长度单位，十尺为一丈，"丈席"指长（或宽）一丈的席子；"丈二席"指长（或宽）一丈二尺的席子，都标明了席子的规格。我们今天通常以床的宽度来标明床的规格，说成一米八的、一米五的、一米二的，可为辅证。

十进制的度量衡，量词前为整数"一"，"一"常常省略，量词后面的数词表示分数量。丈二指一丈二尺，《墨子·城守》："内深丈二广丈五。"《汉书·严助传》："陛下以方寸之印，丈二之组，填抚方外。"另，古籍还有"丈六（一丈六尺，指佛的化身的长度）""丈八（一丈八尺，如：丈八蛇矛）"等说法。

9. 第114号简牍第2行："莫当归四分。"整理者释为"分"的字，原简牍字形作：（该行倒数第1字）。

---

① 刘玉环：《追溯笔程——考释简帛文字的一种方法》，《文山学院学报》2011年第5期。
② （东汉）许慎：《说文解字（附检字）》艸部，（宋）徐铉校定，北京：中华书局，1963年。

按，从字形看，此字由一撇、一横撇、一捺三笔构成，明显是"久"字。[①] 就文义而言，释为"久"文义难通，我们认为此处"久"是"斗"的形近讹字，即正字当为"斗"。"斗"的古文字字形作：𠂇（秦公簋）、𠂇（睡虎地简 23·5）、𠂇（石门颂）；"久"的古文字字形作：𠂆（说文·久部）、𠂆（睡虎地简 25·40）、𠂆（孙膑 46）；两者字形相近（"斗"比"久"仅多出一笔），故致写错。

另，整理者释为"莫"的字，原简牍字形作：■（该行倒数第 5 字），图版不甚清晰，下面的构件"贝"依稀可辨，其上勉强可识是构件"罒"，整字当为"买"。

总之，第 114 号简牍第 2 行应释为"买当归四久〈斗〉"，意为：买了四斗当归。这样释读，文从义顺。

（原载《简帛》第九辑，2014 年）

[①] 刘玉环：《追溯笔程——考释简帛文字的一种方法》，《文山学院学报》2011 年第 5 期。

参考文献

一、出土秦汉简帛文献

［1］甘肃省文物考古研究所. 天水放马滩秦简［M］. 北京：中华书局，2009.

［2］睡虎地秦墓竹简整理小组. 睡虎地秦墓竹简［M］. 北京：文物出版社，1990.

［3］中国文物研究所、湖北省文物考古研究所. 龙岗秦简［M］. 北京：中华书局，2001.

［4］湖南省文物考古研究所. 里耶发掘报告［M］. 长沙：岳麓书社，2007.

［5］湖北荆州市周梁玉桥遗址博物馆. 关沮秦汉墓简牍［M］. 北京：中华书局，2001.

［6］张家山二四七号汉墓竹简整理小组. 张家山汉墓竹简（二四七号墓）［M］. 北京：文物出版社，2001.

［7］湖南省博物馆，中国科学院考古研究所. 长沙马王堆一号汉墓［M］. 北京：文物出版社，1973.

［8］湖南省博物馆，湖南省文物考古研究所. 长沙马王堆二、三号汉墓（第一卷田野考古发掘报告）［M］. 北京：文物出版社，2004.

［9］国家文物局古文献研究室. 马王堆汉墓帛书（壹）［M］. 北京：文物出版社，1980.

［10］马王堆汉墓帛书整理小组. 马王堆汉墓帛书（叁）［M］. 北京：文物出版社，1983.

［11］马王堆汉墓帛书整理小组. 马王堆汉墓帛书（肆）［M］. 北京：文物出版社，1985.

［12］湖北省文物考古研究所，随州市考古队. 随州孔家坡汉墓简牍［M］. 北京：文物出版社，2006.

［13］银雀山汉墓竹简整理小组. 银雀山汉墓竹简（壹）［M］. 北京：文物出版社，1976.

［14］甘肃省文物考古研究所，甘肃省博物馆，中国文物研究所，中国社会科学院历史所. 居延新简——甲渠候官［M］. 北京：中华书局，1994.

［15］甘肃省博物馆，中国科学院考古研究所. 武威汉简［M］. 北京：中华书局，2005.

［16］连云港市博物馆，中国社会科学院简帛研究中心，东海县博物馆，中国文物研究所. 尹湾汉墓简牍［M］. 北京：中华书局，1997.

［17］魏坚，白音查干，谢桂华，等. 额济纳汉简［M］. 桂林：广西师范大学出版社，2005.

［18］甘肃省博物馆，武威县文化馆. 武威汉代医简［M］. 北京：文物出版社，1975.

［19］罗振玉，王国维. 流沙坠简［M］. 北京：中华书局，1993.

［20］长沙市文物考古研究所，中国文物研究所. 长沙东牌楼东汉简牍［M］. 北京：文物出版社，2006.

二、专著

［1］（汉）许慎著，（宋）徐铉校定. 说文解字（附检字）［M］. 北京：中华书局，2009.

［2］（汉）许慎著，（清）段玉裁注. 说文解字注［M］. 杭州：浙江古籍出版社，1998.

［3］中国社会科学院考古研究所. 甲骨文编［M］. 北京：中华书局，1965.

［4］郭沫若. 甲骨文合集［M］. 北京：中华书局，1978.

［5］陈梦家. 汉简缀述［M］. 北京：中华书局，1980.

［6］徐中舒主编，汉语古文字字形表编写组编. 汉语古文字字形表［M］. 成都：四川人民出版社，1980.

［7］云梦睡虎地秦墓编写组. 云梦睡虎地秦墓［M］. 北京：文物出版社，1981.

［8］容庚（张振林、马国权摹补）. 金文编［M］. 北京：中华书局，1985.

［9］汉语大字典编辑委员会. 汉语大字典（缩印本）［M］. 湖北辞书出版社、四川辞书出版社，1992.

［10］赵平安. 隶变研究［M］. 保定：河北大学出版社，1993.

［11］中国社会科学院考古研究所. 殷周金文集成［M］. 北京：中华书局，2007.

［12］方勇导读. 老子·奚侗集解［M］. 上海：上海古籍出版社，2007.

［13］陈鼓应. 老子注译及评介［M］. 北京：中华书局，1984.

［14］郭锡良，等. 古代汉语［M］. 北京：商务印书馆，2007.

［15］（汉）河上公. 老子道德经河上公章句［M］. 北京：中华书局，2006.

［16］熊春锦校注. 老子·道德经［M］. 北京：中央编译出版社，2006.

［17］（春秋）李耳，邱岳注评. 道德经［M］. 北京：金盾出版社，2009.

[18] 荆门市博物馆. 郭店楚墓竹简 [M]. 北京：文物出版社，1998.

[19] 商务印书馆编辑部，等. 辞源 [M]. 北京：商务印书馆，1983.

[20] 徐沁君. 新校元刊杂剧三十种 [M]. 北京：中华书局，1980.

[21] 中国社会科学院语言研究所古代汉语研究室. 古代汉语虚词词典 [M]. 北京：商务印书馆，1999.

[22] （明）黄成著，（明）杨明注. 髹饰录 [M]. 北京：中国人民大学出版社，2003.

[23] 王世襄. 髹饰录解说 [M]. 北京：文物出版社，1983.

[24] 邓之诚. 骨董琐记全编 [M]. 北京：生活·读书·新知三联书店，1957.

[25] 陈直. 两汉经济史料论丛 [M]. 西安：陕西人民出版社，1958.

[26] （清）阮元校刻. 十三经注疏附校勘记 [M]. 北京：中华书局影印，1987.

[27] 李景林，邵汉明，王素玲注译. 仪礼译注 [M]. 长春：吉林文史出版社，1995.

[28] 汪桂海. 汉代官文书制度 [M]. 南宁：广西教育出版社，1999.

三、论文

[1] 黄斌. 《元曲选》中的语气词"也、呵、那、阿、呀" [J]. 古汉语研究，1996（1）.

[2] 张玉金. 出土战国文献中的语气词"殹" [J]. 殷都学刊，2011（3）.

[3] 容庚. 乐浪遗迹出土之漆器铭文考 [J]. 北大国学月刊，1926（1）.

[4] 陈振裕. 云梦西汉墓出土木方初释 [J]. 文物，1973（9）.

[5] 周世荣. 汉代漆器铭文"洞工"考 [J]. 考古，2004（1）.

[6] 王彦辉，薛洪波，刘举. 对《二年律令》有关土地、田赋、继承制度中几则释文的思考 [J]. 东北师大学报（哲学社会科学版），2008（4）.

[7] 刘钊. 《张家山汉墓竹简》释文注释商榷（一） [J]. 古籍整理研究学刊，2003（3）.

[8] 陈斯鹏. 张家山汉简《引书》补释 [J]. 江汉考古，2004（1）.

[9] 吕静. 中国古代文书副本之考察——兼论先秦社会汉字使用场的扩大 [J]. 史林，2010（5）.

[10] 陈治国. 从里耶秦简看秦的公文制度 [J]. 中国历史文物，2007（1）.

[11] 方勇. 读《天水放马滩秦简》小札（一）[J/OL]. 简帛网 [2013-9-28]. http://www.bsm.org.cn/showarticles.php?class=1

[12] 曹方向. 读《天水放马滩秦简》小札 [J/OL]. 简帛网 [2009-9-30]. http://www.bsm.org.cn/showarticles.php?class=1

［13］柯秋白.《天水放马滩秦简》札记［J/OL］.简帛网［2010－6－24］.
http：//www.bsm.org.cn/showarticles.php? class＝1

［14］伊强.马王堆三号汉墓遣策文字考释［J/OL］.简帛网［2010－5－1］.
http：//www.bsm.org.cn/showarticles.php? class＝2

［15］孟蓬生.张家山汉简"去（盍）"字补释［J/OL］.简帛网［2007－01－20］.
http：//www.bsm.org.cn/show_article.php? id＝507

后　记

本书是 2014 年云南省教育厅科学研究基金重点项目最终研究成果。

资料的收集和探究主要是在 2007 年至 2010 年读博期间，参加工作后，陆续整理成单篇论文发表，到现在结集出版，已有近十年的时间，这期间学术界出了许多相关的研究成果，受自己的学识与眼界所限，未能遍览详注，敬祈同人鉴谅。

所收文章原发表于各种刊物，有使用繁体的，今一并改为简体编排；原标点符号、引文注释、格式规范等会有不同，今尽量统一；原每篇之下都附有参考文献，今一并置于书末；内容方面，除纠正排印错误外，基本保持原貌。

感谢恩师朱承平先生、赵平安先生、陈伟武先生的悉心教诲和热情帮助，师恩似海，永感于心。感谢在编纂、出版过程中黄毅先生、袁仁琮先生、詹七一先生的热情鼓励和指导；黄毅教授欣然惠赐宝墨题签，使本书大为增色。感谢全国百佳图书出版单位知识产权出版社对本书稿的重视；感谢责任编辑李瑾老师的认真负责和辛勤付出。感谢家人和朋友的支持和帮助。

小书付梓，不胜惶恐，愧我学浅识陋，错误欠妥之处难免，希冀同行师友指正。

2015 年 12 月